ERNEST NAVILLE

LA

QUESTION ÉLECTORALE

EN EUROPE ET EN AMÉRIQUE

Elibron Classics
www.elibron.com

Elibron Classics series.

ISBN 0-543-97051-5 (paperback)
ISBN 0-543-97050-7 (hardcover)

This Elibron Classics Replica Edition is an unabridged facsimile of the edition published in 1871 by H. Georg, Genève et Bale.

LA

QUESTION ÉLECTORALE

LA

QUESTION ÉLECTORALE

EN EUROPE ET EN AMÉRIQUE

PAR

Ernest NAVILLE

PRÉSIDENT DE L'ASSOCIATION RÉFORMISTE DE GENÈVE

2me édition considérablement augmentée

GENÈVE et BALE

H. GEORG, LIBRAIRE-ÉDITEUR

—

1871

GENÈVE. — IMPRIMERIE CAREY FRÈRES.

AVERTISSEMENT

Cette deuxième édition n'est pas revue, puisque, dans sa première partie, elle est matériellement la même que l'édition originale; mais elle est considérablement augmentée. Trois parties nouvelles ont doublé l'étendue de la publication primitive. Le lecteur a maintenant dans les mains :

1° L'exposition générale de la question de la réforme électorale et l'indication de l'état du mouvement réformiste, en novembre 1867;

2° Une revue rapide des progrès de la cause de la réforme, à Genève et à l'étranger, de novembre 1867 à mars 1871;

3° L'indication sommaire des divers procédés pratiques de réforme, et l'exposition détaillée du système de représentation proportionnelle définitivement proposé, après six années de travaux, par l'Association réformiste de Genève;

4° Une étude sur la théorie et la pratique des élections représentatives.

Les trois premières parties sont des rapports présentés à l'Association réformiste et, en quelque mesure, des travaux collectifs. La quatrième partie a un autre caractère. C'est une étude personnelle, dans laquelle j'ai réuni librement, et sans avoir égard à des circonstances particulières, le résultat de mes réflexions sur les moyens les plus convenables pour établir une représentation vraie. Cette quatrième partie forme un tout distinct, et présente inévitablement, sur plusieurs points, la répétition des idées émises dans les trois parties précédentes.

Ce petit volume renferme, je le crois, les renseignements nécessaires aux lecteurs qui désirent se faire une idée juste de la théorie de la réforme électorale, des divers procédés pratiques proposés pour réaliser cette réforme, et de l'histoire de son développement. Il n'a, du reste, aucune unité de rédaction, et sa forme est défectueuse sous bien des rapports. Je le publie toutefois sans scrupule, parce qu'il ne s'agit point ici d'une œuvre littéraire; il s'agit de servir une cause à laquelle m'attache une conviction à la fois ardente et réfléchie.

En 1864, quelques lignes d'un journal fribourgeois, le *Confédéré*, fixèrent mon attention sur l'idée, absolument nouvelle pour moi, de la réforme électorale. Cette idée prit promptement dans mon esprit des proportions fort étendues. Tout un monde de pensées se dévoila à mon regard. Plus je suivais les conséquences de l'idée nouvelle, plus je voyais ces conséquences s'étendre non-seulement à tous les domaines de la politique, mais à la vie sociale, dans toute sa généralité. Il me parut que l'on venait de faire une découverte de premier ordre, aussi féconde dans ses résultats que simple dans son principe. Etait-ce une illusion ? Ce ne pouvait être, dans tous les cas, une illusion de l'amour-propre, puisque je n'étais pour rien dans une découverte qui n'était mienne que par la vivacité et la profondeur de mon adhésion. Des renseignements précis et nombreux m'apprirent bientôt que des hommes appartenant à tous les pays, à toutes les classes de la société, à tous les partis politiques, à toutes les croyances religieuses avaient accueilli l'idée nouvelle avec une conviction égale à la mienne, et, pour tout dire, avec un pareil enthousiasme.

Non, ce n'est pas une illusion ; c'est une vérité certaine : un principe faux vicie, à sa source même, la vie des États représentatifs, surexcite tous les penchants mauvais de la nature humaine, et dépose dans le sol de la société des germes d'oppression, de luttes factices et de mensonge. La réforme de ce principe faux et funeste est une œuvre de première importance; c'est une œuvre de justice, une œuvre de vérité, une œuvre de paix. Pour résumer toute ma pensée en un seul mot, c'est l'application, aux bases de l'état politique, des principes élémentaires de la civilisation chrétienne.

Genève, le 25 avril 1871.

PREMIÈRE PARTIE

RAPPORT

SUR L'ÉTAT DE

LA QUESTION ÉLECTORALE

EN EUROPE ET EN AMÉRIQUE

présenté à l'Association réformiste de Genève

le 20 Novembre 1867

AVANT-PROPOS

Les mots *question électorale* doivent éveiller dans la plupart des esprits, surtout depuis les débats récents du parlement d'Angleterre, l'idée de l'extension plus ou moins grande à accorder au droit de suffrage. L'extension du droit de suffrage est un fait qui se produit graduellement, à mesure que de nouvelles classes de la population deviennent capables de participer à la vie politique. C'est le résultat naturel du développement de la civilisation, et il ne manquera jamais d'ambitieux disposés à accélérer ce mouvement. La question de savoir qui doit être électeur a toujours un caractère local et temporaire, puisque sa solution dépend du degré de culture d'un peuple et de ses circonstances particulières. Cette question agite aujourd'hui l'Angleterre; elle n'est posée, pratiquement du moins, ni en Suisse, ni en France, par exemple.

Il est une autre question électorale, plus importante que la précédente, universelle par sa nature, et qui se pose maintenant partout: les électeurs étant donnés, comment doit se faire l'élection? C'est cette question là qui seule est étudiée dans les pages qui suivent.

Deux systèmes se présentent: celui qui est maintenant en usage, à peu près partout, le *système actuel*, et celui qui est proposé par les partisans de la réforme, le *système nouveau*.

Dans le système actuel, la majorité des électeurs désigne seule les hommes qui sont censés les représentants de tous. Un pays est divisé en arrondissements, dont les électeurs forment un collége. Chaque collége élit un député dans certains pays, plusieurs dans d'autres. Dans les deux cas, la majorité décide, ensorte qu'il s'établit une lutte entre deux partis, dont l'un triomphe et dont l'autre est vaincu. C'est ainsi, par exemple, qu'en France, en Italie et en Allemagne, les électeurs ont à choisir entre les candidats du gouvernement et les candidats de l'opposition. Les hommes qui voudraient des représentants librement choisis par eux, et qui ne fussent ni les candidats du gouvernement ni les candidats de l'opposition, n'ont aucun moyen de satisfaire leur désir. Dans la lutte de deux partis en présence, ils ne peuvent que s'abstenir, ou choisir entre deux partis, dont aucun n'est proprement le leur, celui qu'ils redoutent le moins.

Dans le système nouveau, chaque groupe d'électeurs dont le nombre répond à un député, doit pouvoir obtenir son député, de telle sorte que des partis en nombre indéterminé, et librement formés par la volonté des électeurs, soient assurés d'une représentation proportionnelle au nombre de leurs adhérents. Là, par exemple, où, comme en Belgique, il existe un député pour mille électeurs, cinq mille électeurs d'accord obtiendront directement cinq députés, et mille électeurs d'accord en obtiendront un, sans avoir à s'enrôler malgré eux sous deux bannières imposées. En théorie pure, les voix des électeurs doivent être libres de se réunir sur les mêmes candidats, dans le pays tout entier. Pour obtenir l'effet pratique de la réforme, il suffit que le pays soit divisé en provinces électorales ayant chacune assez de députés pour que toute opinion d'une certaine importance soit assurée de sa représentation. Il est vraisemblable qu'avec des colléges ayant chacun dix à quinze députés, toutes les opinions politiques vraiment distinctes obtiendraient leur juste part de représentation dans les Conseils d'une nation.

On aurait grand tort de ne voir dans le choix

entre ces deux systèmes qu'une question de simple procédé, de mécanisme électoral plus ou moins avantageux. Il s'agit de la lutte de deux principes dont l'action s'étend sur tout le domaine de la Société.

On démontre facilement que le système actuel, en instituant, dans des arrondissements fermés, la lutte de deux partis dont l'un exclut l'autre, fausse la représentation des électeurs. Deux faits, entre bien d'autres, suffisent à le faire entendre :

1° Un très-grand nombre d'électeurs n'approuvent parfois ni l'un ni l'autre des deux partis en lutte, et voudraient intervenir entre eux, en qualité de médiateurs. La nécessité où ils se trouvent pourtant de choisir entre les candidats de ces deux partis, fausse absolument leur suffrage. Combien d'électeurs l'ont éprouvé et l'éprouvent douloureusement tous les jours !

2° La modification des arrondissements électoraux change le résultat des élections. Si une ville appartenant à l'opposition est entourée de campagnes favorables au gouvernement, en divisant cette ville en quartiers, dont chacun sera joint aux campagnes voisines pour former un même collége avec elles, on pourra faire disparaître les députés de l'opposition, *sans que les suffrages aient changé,* par le simple fait de leur nouveau groupement.

Il est donc certain que le système actuel permet que la représentation soit faussée. Il n'est pas moins certain qu'une représentation proportionnelle au nombre des adhérents de chaque parti sera vraie. Cela étant vu, l'importance du problème de la réforme se révèlera aux esprits qui voudront bien se rendre attentifs aux trois considérations suivantes :

1° Le choix des représentants est le seul moyen de faire participer tous les membres d'une nation à la vie politique. Le pouvoir démocratique, dans le vrai sens du mot, le pouvoir de tous, ne s'exerce en réalité et ne peut s'exercer que dans les élections. Tous les publicistes contemporains sont d'accord que le développement de la démocratie est, dans l'ordre politique, le fait capital de l'histoire moderne. Un système électoral bon ou mauvais, vrai ou faux, conserve donc dans sa pureté, ou altère, dans sa source même, le pouvoir qui tend à devenir dominant dans le monde moderne. Ce n'est pas là une question secondaire, ni même une question simplement importante ; il s'agit du fondement de l'ordre politique tout entier.

2° La marche régulière d'une société exige l'accord des pouvoirs politiques et de l'esprit public. Cet accord serait assuré, autant qu'il est possible, par une représentation vraie. Un système électoral, qui permet que la représentation soit faussée, laisse au contraire le désaccord s'établir entre les corps politiques et le véritable esprit de la nation. Or ce désaccord est une porte toujours ouverte à l'esprit révolutionnaire et aux menées des ambitieux et des démagogues. Comment méconnaître l'importance d'une réforme qui viendrait, dans la limite où la chose est possible, *clôre l'ère des révolutions?*

3° L'élection est le point où la vie spécialement politique vient se joindre à la vie générale de la société. Les hommes les moins préoccupés de la chose publique sont obligés de s'en préoccuper, un jour d'élections, s'ils ne veulent pas renoncer à l'accomplissement de leur devoir. La préoccupation de tous les électeurs devient la préoccupation générale du peuple. Lorsqu'elle est intense, les femmes et les enfants eux-mêmes n'y restent point étrangers. Si le principe du système des élections est la lutte de deux partis dont l'un doit exclure l'autre, toutes les passions hostiles sont excitées ; c'est la guerre avec ses ruses et ses violences. Lorsque le principe des élections sera la répartition égale des représentants entre tous les électeurs, le zèle, le bon zèle, sera vivement éveillé par le désir de ne pas laisser perdre sa part du droit commun, mais toute passion hostile disparaîtra ; les semences de la paix pourront germer sur le sol de la justice. Le principe des élections détermine ainsi l'esprit qui anime un peuple entier dans l'exercice de ses droits : esprit de lutte et d'oppression d'une part ; esprit de justice et de paix d'une autre part. La question électorale est donc une question de moralité publique au premier chef ; de toutes les questions relatives à l'organisation des pouvoirs sociaux, c'est la plus importante sans comparaison aucune.

Ces considérations sont graves. Les jugez-vous purement théoriques, et, à ce titre, les tenez-vous pour suspectes ? Vous voulez des faits ? en voici :

Il y a quelques années, la réforme électorale, entendue dans le sens que nous venons de déterminer, n'était connue que d'un petit nombre de penseurs, et passait pour une curiosité scientifique. L'idée de la représentation des minorités, ou, pour exprimer la chose beaucoup mieux, de *la représentation de tous, dans les limites du possible*, semblait une honnête chimère, analogue à celles de Platon dans sa *République*, ou de Thomas Morus dans son *Utopie*. Aujourd'hui (les pages suivantes le feront savoir à ceux qui prendront la peine de les lire) la question est posée un peu partout ; la réforme a des défenseurs nombreux et convaincus ; elle a fait son apparition dans maint débat parlementaire; elle a reçu des commencements d'exécution. L'idée nouvelle est mise en telle lumière qu'il faudrait un vrai cataclysme social pour la faire rentrer dans l'ombre. Le germe obscur est devenu une plante vigoureuse qui étale ses rameaux en plein soleil.

Observons de plus que l'idée de la réforme a été conçue spontanément par des hommes de pays différents, ce qui ne permet pas d'y voir une question locale, qu'elle a été adoptée avec un zèle ardent par des hommes très-divers d'opinions politiques, sociales et religieuses, ce qui ne permet pas d'y voir une question de parti. Au nom des mêmes expériences, on dit aujourd'hui en Europe, en Amérique et même en Australie : le système représentatif seul peut introduire avec vérité l'élément démocratique dans les institutions des peuples, et nous ne possédons du système représentatif que le nom ; nos procédés électoraux permettent qu'il soit absolument faussé. Au nom des mêmes démonstrations brillantes d'évidence, on dit en Europe (et il se trouve des hommes pour le dire dans tous les pays de l'Europe), on dit en Amérique, on dit en Australie : il n'y aura de représentation vraie que lorsque tous les électeurs seront représentés, lorsque chaque citoyen sera entendu, par la voix d'un délégué de son choix, dans les Conseils de la nation. Il n'y aura de représentation vraie que lorsqu'on aura renoncé à faire choisir les députés de tous par la majorité seule. Cet accord spontané de tant d'hommes de tous pays ; ce besoin partout senti ; et, j'ajoute, l'inébranlable confiance qu'ont les solliciteurs de la réforme dans la justice, dans la vérité et dans le succès définitif de leur cause : tout cela n'est pas une théorie, c'est un fait, un fait considérable, et tous les jours grandissant.

Dans le courant de l'année 1864, le petit état de Genève tomba, pour un jour, dans une complète anarchie, dont il ne fut retiré que par l'assistance de la Confédération suisse. Le degré le plus élémentaire de réflexion suffisait pour discerner dans cette catastrophe la part qui revenait à des institutions vicieuses. Ces institutions, en provoquant la création de deux partis électoraux exclusifs, et en surexcitant leurs passions, dans un pays où les germes de divisions abondent, avait contribué à préparer la lutte de deux factions armées, et supprimé en même temps et le pouvoir du gouvernement et l'action médiatrice de la véritable volonté nationale. Quelques citoyens genevois, justement alarmés des dangers que courait leur patrie, fondèrent une association destinée à provoquer la réforme du système électoral qui était visiblement, dans l'ordre des institutions, la racine du mal, parce qu'il divisait violemment le peuple en deux partis faux. *L'Association Réformiste* étudia les moyens de réaliser la vérité de la représentation. De nombreux témoignages venus de l'étranger, ne tardèrent pas à lui apprendre que la question qu'elle étudiait en vue de Genève avait une portée générale, que partout les mêmes maux existaient, bien qu'à un degré moindre, et que partout aussi l'on cherchait un remède à ces maux. Le rapport présenté à l'Association réformiste, en novembre 1867, est un cadre étroit, mais ce cadre étroit renferme une grande idée, une idée digne d'attirer l'attention de tous les hommes qui ne cherchent pas dans l'ordre politique la satisfaction de leurs intérêts ou de leurs passions, mais l'établissement de la justice pour le bien général de la société.

Quel est en effet le problème politique qui pèse sur la société contemporaine? Le voici : La diffusion de la culture intellectuelle produit, et doit légitimement produire, l'extension des droits politiques, c'est-à-dire l'accroissement de la démocratie, si l'on entend par démocratie la participation de tous aux affaires de l'Etat. Mais aucun peuple, si petit qu'il soit, ne saurait vraiment se gouverner par lui-même. Il faudrait pour cela qu'il se rassemblât chaque matin sur la place publique pour décider ses affaires. Il faudra toujours que quelques-uns fassent les affaires de tous. En d'autres termes, la législation et le gouvernement appartiendront toujours à une oligarchie. Cela est absolument nécessaire. Qui le nie se trompe, ou veut tromper. Il est facile de reconnaître qu'en réalité le mouvement dit démocratique a trop souvent pour effet d'établir le pouvoir de quelques meneurs rompus aux manœuvres électorales, et habiles à exploiter le suffrage populaire. L'extension du pouvoir démocratique paraît donc en même temps inévitable et impossible ; là est le problème.

La solution se trouve dans le système représentatif qui concilie, et peut seul concilier, l'égale influence de tous les citoyens sur la marche du pays, ou le pouvoir démocratique, avec la nécessaire oligarchie de la législation et du gouvernement. Dans le système représentatif, quelques-uns font les affaires de tous. Ces quelques-uns ne sont ni les représentants héréditaires de certaines familles (c'est l'aristocratie ancienne qu'on ne saurait rétablir là où elle n'existe plus), ni les possesseurs d'un certain capital (c'est la *ploutocratie* qu'on ne saurait songer à établir sérieusement), ni les hommes nantis de la confiance de la majorité d'un peuple (ces hommes-là n'existent pas ; à peine y a-t-il dans un pays, et pas toujours, un ou deux hommes vraiment populaires) ; les quelques-uns qui font les affaires de tous, dans le système représentatif, sont les hommes qui possèdent la confiance d'un certain nombre de leurs concitoyens, qui ont par conséquent de l'influence sur eux, et dont la réunion reproduit en petit la véritable image du peuple tout entier. *L'influence personnelle* est un fait dans lequel se rassemblent une foule de circonstances diverses, et qu'on réussit à produire par des moyens variés; mais c'est un fait, un fait positif, et c'est sur ce fait que doit être fondé le pouvoir social.

Placez dans un conseil l'ensemble des hommes influents d'un pays; ce pays sera représenté, et le corps des représentants aura une véritable autorité morale. Un corps composé des hommes les plus *dignes*, ou les plus *capables*, est une conception purement théorique. Qui choisira ces dignes et ces capables? Mais un corps composé des hommes influents d'un pays, des hommes dont chacun a la confiance d'un groupe de citoyens, et par conséquent une action réelle et une influence vraie sur une partie du peuple; ce n'est pas là une chimère. Ces hommes existent; des élections libres les feront connaître.

Dans la délégation du pouvoir, par le moyen de l'élection, les fonctions politiques sont donc remises à quelques-uns, comme cela est nécessaire; mais elles leur sont remises par la volonté de tous. Chacun est entendu dans les délibérations, par la voix de son mandataire; chacun donne médiatement un suffrage pour les décisions législatives, par le vote de son fondé de pouvoirs. Ainsi s'élève, sur le fondement de la démocratie, une oligarchie élective librement ouverte à tous, et qui a pour base unique, à l'exclusion de tout privilége personnel ou héréditaire, la confiance des électeurs. Les fonctions politiques sont remises à quelques-uns par le suffrage égal de tous; le problème qui paraissait insoluble est pleinement résolu.

Tel est le système représentatif, conception inconnue à l'antiquité, et qui ouvre des voies vraiment nouvelles à la civilisation politique. Mais le système représentatif est absolument faussé par notre manière d'élire. Nos élections maintiennent dans le peuple ces luttes passionnées et aveugles qui ont perdu, en tout temps, la cause de la liberté. Du système représentatif, nous avons le mot et l'idée, mais la chose nous fait défaut. Pour réaliser cette chose excellente, il faut une représentation vraie. Pour avoir une représentation vraie, il faut des élections libres. Pour avoir des élections libres, il faut affranchir les électeurs des chaînes de deux partis seuls en présence. Le système des majorités a des origines historiques que l'on peut comprendre; mais, dans l'état présent de la civilisation, il paraît monstrueux dès qu'on a déchiré le voile de l'habitude et des préjugés.

Opérer la réforme électorale, sans retard, là où les institutions actuelles ont manifesté leurs mauvaises conséquences, au point d'altérer la marche de l'État ; préparer partout les esprits à cette réforme, pour que le remède soit connu et facilement appliqué, lorsque le besoin s'en fera sentir ; c'est là une œuvre qui mérite et réclame, en tout pays, les efforts des hommes de bien.

GENÈVE, le 12 novembre 1867.

Ernest NAVILLE.

LA QUESTION ÉLECTORALE

INTRODUCTION

Messieurs,

Nous avons à vous donner de bonnes et grandes nouvelles. L'ensemble des faits qui vont être portés à votre connaissance permet de dire, sans user d'une image trop forte, que notre cause fait des pas de géant.

Quelle est notre cause? Rappelons-le en peu de paroles. Nous nous sommes réunis pour demander la réforme du système des élections, c'est-à-dire de la base même de l'ordre politique. Nous ne demandons pas la modification de tel ou tel procédé de détail, ni celle d'une institution purement locale, mais le changement du principe même qui est à la base des systèmes électoraux dans presque tous les pays où existe un élément de représentation.

Quel est le principe des institutions électorales actuelles? — La majorité des électeurs choisit seule les hommes qui deviennent, par une fiction légale, les représentants de tous. Ce qui est particulier à Genève, c'est le grand nombre de députés attribués à chaque collége et, par conséquent, la longueur démesurée de la liste que chacun des électeurs doit déposer dans l'urne. Mais, dans le cas même où on établirait autant de colléges qu'il y a de députés à élire, si on ne faisait pas d'autre changement, le choix exclusif par la majorité subsisterait dans chaque collége. Or, c'est ce principe là dont nous demandons la destruction et, à l'appui de notre demande, nous avons affirmé ce qui suit :

1° Le système des majorités électorales est *injuste*, puisqu'il laisse une partie des électeurs sans représentants, et que le nombre des électeurs non représentés peut approcher de la moitié de leur nombre total.

2° Le système des majorités électorales est *oppressif*. Il détruit la liberté légitime des électeurs, puisque ces électeurs, au lieu de pouvoir se réunir librement pour désigner des représentants de leur choix, sont réduits à porter leurs suffrages sur les candidats que leur proposent des chefs de partis qui s'instituent eux-mêmes.

3° Le système des majorités électorales *trouble la paix publique*, parce que la lutte de deux partis, dont l'un exclut l'autre, éveille les passions, provoque à l'excitation des haines, des défiances, des divisions, et amène trop souvent l'emploi de la violence et de la corruption.

4° Le système des majorités électorales est *funeste* pour le corps représentatif. Des idées qui ont des adhérents, même nombreux dans le pays, ne peuvent être introduites dans les délibérations. La porte des Conseils se trouve fermée à des hommes d'un caractère indépendant et d'une valeur personnelle véritable, qui ne sauraient faire les sacrifices nécessaires pour se concilier la faveur changeante des majorités. La crainte de nuire à leur parti, en lui enlevant des voix nécessaires pour obtenir la majorité, apporte de continuelles entraves à la libre expression des pensées des députés. Les questions les plus importantes pour le pays, au lieu d'être décidées à la suite d'une discussion vraiment libre, sont tranchées d'avance par le résultat des élections, ensorte que l'initiative véritable des mesures législatives est enlevée aux représentants de la nation, et appartient de fait à des meneurs de partis qui constituent dans l'état un pouvoir prépondérant, et sans mission régulière.

5° Le système des majorités électorales est *faux*. Les majorités électorales sont presque toujours factices et résultent de la coalition forcée de groupes de citoyens qui voudraient d'autres représentants que ceux qu'ils sont contraints de choisir. La majorité (et une majorité souvent factice !) étant seule représentée, dès que les députés ne sont pas d'accord, la minorité du corps représentatif et la minorité des électeurs restée sans députés, constituent souvent dans leur réunion la vraie majorité du corps électoral. Ainsi, le droit de *représentation* étant accordé à la majorité seule, le droit souverain de *décision* risque toujours de passer aux représentants d'une minorité. Cette considération seule explique un fait très-étrange au premier abord. Sous le régime du suffrage dit à tort universel (il n'y aurait de suffrage vraiment universel que lorsqu'on accorderait le droit de vote aux femmes et aux enfants) ; sous le régime d'un suffrage très-étendu, et avec des élections excessivement fréquentes, il peut arriver que l'opinion qui prévaut dans les corps politiques ne soit pas d'accord avec l'opinion qui prévaut dans le peuple. C'est un fait connu de tous ceux qui ont étudié de près la marche des démocraties ; et ce fait reste inexplicable aussi longtemps qu'on n'a pas compris comment les systèmes électoraux actuels faussent la véritable expression de la volonté des électeurs.

Telles sont, Messieurs, nos affirmations principales, telles que vous pourrez les retrouver dans votre mémoire, et telles que chacun peut les trouver dans les écrits publiés par notre association. Nous avons montré dans l'histoire contemporaine de Genève, avec une plénitude et une abondance de preuves très-favorable à notre cause, mais fort triste en elle-même, la justification de nos dires. Ces affirmations, justifiées par l'expérience, sont à nos yeux la condamnation du principe actuel des élections, qui sera, nous l'espérons, dans un temps plus ou moins long, et partout, le principe ancien.

Quel est le principe nouveau que nous proclamons? La représentation de tous les électeurs, dans les limites fixées par la nature des choses. Ces termes : *la nature des choses*, n'ont rien de vague. Le nombre de voix nécessaire pour élire un représentant est déterminé, avec une parfaite précision, par le rapport du nombre des électeurs à celui des députés. Il y a, dans l'état de New-York, un député pour 2,500 électeurs, et, en France, un député pour 36,000 électeurs. Il faut donc à New-York 2,500 électeurs d'accord pour qu'ils puissent obtenir un représentant; il en faut 36,000 en France. Cela est fatal et en dehors de tout élément arbitraire. Une fois le nombre des électeurs et celui des députés donnés, le rapport est donné en même temps, et le nombre exprimant ce rapport est le *quotient électoral*. Ce quotient qu'on a cherché à décrier comme une abstraction philosophique, est la pure et simple expression d'un fait. Les électeurs réunis dans le nombre du quotient constituent le *groupe électoral*. Le groupe électoral doit avoir le moyen d'obtenir un représentant : tel est le principe que nous proposons comme base du nouveau système des élections.

C'est un principe universel, applicable partout où existe une représentation quelconque, et qui se prête facilement dans ses applications à la diversité des lieux, des temps, des habitudes et des circonstances de chaque peuple. Nous soutenons, et nous avons soutenu déjà dans nos assemblées et dans nos écrits publiés les affirmations suivantes :

1° Le système nouveau est *juste*, puisqu'en assurant à chaque groupe électoral son représentant, il assure à chaque électeur une influence personnelle égale dans les limites du possible, et assure ainsi à chaque parti politique, formé d'un certain nombre de groupes réunis dans une volonté commune, sa part proportionnelle dans la représentation nationale.

2e Le système nouveau est *libéral*. Il laisse l'électenr libre dans son choix, sans imposer à cette liberté aucune limite autre que celle qui résulte de la nature même des choses, c'est-à-dire du caractère nécessairement collectif du droit à la représentation.

3° Le système nouveau est *pacifique*. Il ne peut pas produire la paix là où les passions sont excitées et les esprits naturellement en guerre; mais il n'introduit pas dans la vie politique des luttes factices qui excitent artificiellement les passions. Les élections deviennent ce qu'elles doivent être, la manifestation des droits de tous, sans qu'il y ait des vainqueurs et des vaincus ; les luttes inhérentes à la vie politique sont renvoyées dans l'enceinte des corps délibérants, où est leur seule place légitime. Une lutte pour une décision que doit prendre une majorité est un fait inhérent à la nature des choses ; mais une lutte électorele est un gros contresens, puisqu'elle prive une partie des citoyens de tout vote direct ou indirect pour les décisions qui sont censées résulter du concours et des suffrages de tous.

4° Le système nouveau est *favorable* aux délibérations des conseils en y introduisant des représentants de toutes les idées qui ont quelque racine dans le pays, et en ouvrant la porte à des hommes qui, sans avoir la faveur de la foule, peuvent être les citoyens les plus éclairés de l'État, et les plus utiles à la discussion des intérêts publics.

5° Le système nouveau est *vrai*. Il assurera, autant qu'il est possible, l'accord des Conseils et du corps électoral, l'harmonie de l'ordre politique et de la société. En réalisant ainsi le système représentatif, qui est absolument faussé par le système actuel, il ouvrira la porte toute large aux réformes vraiment réclamées par l'opinion publique, et préviendra, autant qu'il est possible, l'œuvre toujours dangereuse, et presque toujours funeste des révolutions.

Tout ceci, Messieurs, souvent exposé dans nos précédents travaux est contenu en germe, mais fort distinctement, dans notre programme [1]. « Des citoyens en nombre suffisant » pour parvenir à la représentation ont tous le même droit à » être représentés. » Voilà l'idée autour de laquelle nous nous sommes groupés. Voilà le principe qui, par notre initiative, a été recommandé avec instance à l'examen de nos législateurs, par une pétition couverte de 2,290 signatures. Telle est notre cause. Nous sollicitons l'établissement de la *représentation vraie*. Nous ne cherchons pas seulement un procédé, un expédient; nous réclamons la modification de la base même des institutions politiques. Où en est notre œuvre ?

1. Voir le programme à la fin de ce rapport.

GENÈVE

Notre première tâche était de réunir autour de notre drapeau des électeurs de tous les partis politiques, de toutes les professions, de tous les cultes. Nous avons promptement et entièrement réussi sous ce rapport.

Notre seconde tâche était de découvrir les moyens de réaliser pratiquement le principe nouveau dans les circonstances données de notre vie politique et nationale. Nous avons d'abord suivi les conséquences du principe avec une rigueur presque mathématique, et nous avons exposé, selon les idées de M. Rivoire, le procédé pur du quotieut électoral. Les électeurs se présentent successivement et désignent le candidat de leur choix. Dès qu'un candidat a réuni le nombre de suffrages qui répond à un député, il est déclaré élu, et les voix doivent se porter sur d'autres. Nous avons indiqué dans tous ses détails le moyen simple et facile de mettre ce procédé en pratique à Genève[1]. On s'est récrié pourtant en présence d'une nouveauté qui a paru trop hardie et trop étrangère à nos mœurs. Faisant alors des concessions à la pratique et aux habitudes, nous avons proposé le procédé de la *liste libre*[2], qui n'est que la simplification des projets rédigés par M. Morin en 1861 et 1862[3],

1. Pratique du Nouveau Système électoral, brochure in-8°. Mars 1866.

2. Exposition et Défense du Système de la Liste libre, brochure in-8°. — Mai 1867.

3. Un nouveau Système électoral, brochure in-8°, 1861. — De la Représentation des Minorités, brochure in-8°, 1862. — Les plans de M. Morin ont été reproduits comme Appendice de la 3me édition du grand ouvrage de M. Thomas Hare, dont il sera parlé plus loin.

Les suffrages des électeurs se portent sur des listes où les candidats sont rangés par ordre de préférence, et chaque liste obtient un nombre de députés proportionnel au chiffre des suffrages qu'elle a réunis. Un groupe électoral est ainsi absolument assuré d'obtenir un représentant, ce qui maintient le principe de la réforme dans sa plénitude. Une limite est seulement apportée à la liberté individuelle, parce que les suffrages doivent être donnés à des listes acceptées sans modification. C'est là une concession que nous avons faite à nos habitudes et à la facilité pratique de l'opération. Au moyen de cette concession, le principe nouveau pouvait s'introduire dans nos institutions actuelles sans aucun autre changement que celui de la manière de compter les suffrages. La *liste libre* a été recommandée à la sérieuse étude des électeurs genevois par trente-neuf membres de notre conseil. Cette réunion de citoyens éminemment impartiale, parce qu'elle renferme des hommes de tous les partis sans exception, a déclaré que « le système de la liste libre peut réaliser d'une manière simple, pratique, et adaptée à la situation politique et aux habitudes de Genève, les principes exposés dans le programme de l'Association réformiste. » Tel a été jusqu'ici le dernier acte de notre association ; acte important qui a dignement couronné les deux premières années de nos travaux et qui a eu d'heureuses conséquences. Deux résultats ont été obtenus.

1° En se présentant dans les formes des institutions actuelles, et sans dérouter les habitudes, le principe nouveau a été mieux et plus vite compris. Amis et adversaires de notre œuvre ont également senti que nous ne marchions pas

1. Exposition et défense du système de la Liste libre, brochure in-8°. — Mai 1867.

sur des nuages, mais sur le terrain solide des réalités. L'idée de la libre présentation des listes, et d'une répartition des députés entre les listes, proportionnellement au nombre des suffrages, est d'une simplicité telle que le seul moyen de ne pas la comprendre, serait ne pas vouloir donner à cet objet dix minutes d'attention.

2° La pensée ne pouvant plus s'égarer sur les détails d'une pratique nouvelle, puisque nous conservions toutes les formes actuelles, la discussion a été rejetée sur le principe même qui s'offrait en quelque sorte a nu. Nous cherchions ce résultat, et nous l'avons obtenu. Notre dernière publication[1] renferme le loyal énoncé de toutes les objections qui nous étaient connues, au nombre de 17, et la réponse à ces 17 objections. Nous n'avons pas appris qu'on ait contesté la valeur de nos réponses; nous n'avons pas appris qu'on ait formulé des objections nouvelles, mais on a attaqué notre principe. On a nié, et clairement nié, que le choix des représentants doive être l'expression directe de la volonté des électeurs. Quelle est donc la pensée des adversaires de notre réforme, soit à Genève, soit ailleurs? La voici, telle du moins que nous pouvons la comprendre. Ils ne veulent pas que les électeurs puissent se faire représenter comme ils le désirent; mais qu'ils aient simplement à voter sur des candidats que leur présentent deux partis, dont deux Comités électoraux font les affaires. Ils veulent qu'il y ait d'un côté les candidats du gouvernement, de l'autre les candidats de l'opposition, c'est-à-dire des hommes qui aspirent à remplacer le gouvernement, et que le peuple des électeurs réduit au rang de simples votants, ne puisse que choisir entre les candidats ainsi proposés. L'initiative politique reste alors toute

1. Exposition et défense du système de la Liste libre.

entière entre les mains de ceux qui possèdent le gouvernement et de ceux qui y prétendent. La libre expression d'une volonté vraiment nationale est supprimée, et le pays est jeté dans toutes les aventures d'une lutte dont l'issue peut dépendre du déplacement d'un petit nombre de votes. Quelques voix gagnées, par un procédé quelconque, changent complètement ce que les publicistes des partis appellent emphatiquement la VOLONTÉ DU PEUPLE ! A Genève, l'administration mécontentera trois ou quatre cent électeurs, et tout sera changé dans le pays. On aura d'autres députés, un autre gouvernement et parfois d'autres gardes-champêtres. Ainsi, tout chemine par brusques secousses et mouvements violents, qui vont d'un extrême à l'autre, bien que le changement vrai de l'opinion publique soit à peine sensible. C'est un jeu où chaque parti gagne tour à tour ; et c'est le peuple qui fait les frais des enjeus. Mais laissons les résultats de cet ordre de choses pour examiner ses fondements.

On peut comprendre ce système là où existent des prétendants héréditaires, des Bourbons et des Bonapartes, des Guelfes et des Gibelins. Mais d'où procèdent les chefs de partis, dans une république comme la nôtre ? Voilà (s'il n'y a pas d'un côté un seul homme en scène), voilà deux oligarchies rivales entre lesquelles le peuple doit se prononcer ; mais ces oligarchies d'où viennent-elles ? Les positions sont à prendre, et à prendre comme on le peut. La porte est ouverte à toutes les intrigues, à toutes les manœuvres, à toutes les captations de popularité. Oh ! que de beaux et solides arguments les démocraties ainsi conduites fournissent aux défenseurs des pouvoirs héréditaires ! !

En amenant notre principe à une application très-simple et toute conforme à nos usages, dans la pratique de la *liste libre*, nous avons donc appelé la discussion sur le principe même. Le système des élections doit-il avoir pour seul effet de manifester la libre volonté des électeurs ? — Oui, disons-nous. — Non, disent nos adversaires. La volonté des électeurs, ajoutent-ils, est chose trop mouvante pour en faire la base de l'ordre politique. Il faut donc, quoi ? Des hommes qui tiennent le gouvernail, et des combinaisons qui placent les électeurs sous leur dépendance. C'est ce qu'on réalise par exemple au moyen de circonscriptions territoriales dans chacune desquelles la lutte est ouverte entre les candidats de deux partis. Les chefs des partis désignent les candidats, et le choix des députés ne reste pas à la merci de la volonté ondoyante et diverse des électeurs. Qui ne voit que la question ainsi posée est précisément celle-ci : Les électeurs doivent-ils, oui ou non, être représentés comme ils le veulent ? Pesez, avec une attention sévère, les objections qu'on oppose au principe de la réforme, vous verrez qu'elles reviennent toujours à ceci : Nous ne voulons pas que les corps politiques soient l'image fidèle du corps électoral ; ou, en d'autres termes, nous ne voulons pas une représentation vraie. Avoir amené la discussion à ce point de clarté est un véritable gain de cause pour nous. En effet, la démocratie représentative est, aux termes de notre constitution, notre état politique. En sollicitant les mesures qui seules peuvent rendre la représentation vraie, nous ne faisons donc que réclamer la réalisation de notre charte fondamentale. Notre position est bonne.

Le Grand Conseil actuel n'a pas abordé l'étude que lui recommandaient nos 2,290 pétitionnaires. Il n'a pas non plus discuté une réforme des procédés électoraux que lui proposait une commission nommée dans son sein à la suite de la pétition. Nous nous garderons bien de trouver dans ces faits l'ombre d'un motif de découragement. Un vote négatif, après une délibération, aurait été un échec ; mais chacun comprend que nous sommes en présence d'un simple ajournement. Cet ajournement a été déterminé sans doute par des considérations relatives à la politique locale dont nous n'avons pas à nous occuper ici. Quant à l'avenir de notre œuvre, il n'est point compromis. La question reviendra. Lors même que nous cesserions de nous en occuper, ce qui n'est nullement notre intention, elle reviendrait sous la seule influence de la Suisse et de l'Europe, car l'idée que nous servons grandit et se développe au près et au loin.

LA SUISSE

La presse suisse a émis, à diverses reprises et avec insistance, la pensée que les institutions actuelles de Genève provoquent le retour périodique de luttes violentes, d'agitations excessives, et créent ainsi un danger non-seulement pour Genève, mais pour la Confédération. Cette préoccupation du mal devait attirer l'attention des publicistes sur le remède proposé, et favoriser ainsi la propagation de nos idées. Notre projet de de réforme a été mentionné avec sympathie par des journaux de Fribourg, de Lausanne, de Neuchâtel, de Bâle, de Zurich et probablement d'autres cantons; car nous ne connaissons que très-partiellement les nombreuses gazettes qui croissent sur le sol helvétique. Le *Confédéré* de Fribourg a continué à soutenir à notre occasion une cause qu'il avait soutenue avant nous. Citons quelques lignes extraites d'autres organes de publicité.

« Nous reconnaissons », dit la *Nouvelle Gazette de Zurich*, rendant compte de l'exposition générale de nos principes,

» tout ce qu'aurait de bienfaisant un système électoral qui
» produirait en quelque sorte la photographie de l'opinion
» publique. Ce serait le ressort moteur de la démocratie
» combiné avec la soupape de sûreté, la majesté du peuple
» s'élevant au-dessus des passions des partis. »

Lors de notre pétition au Grand Conseil, la *Patrie* de Lausanne écrivait: « Dans le Canton de Vaud, tous les amis de
» la liberté électorale apprendront avec plaisir la détermi-
» nation qui vient d'être prise par *l'Association réformiste.*
» Il s'agit de modifier promptement et énergiquement une
» Constitution qui ne peut garantir les électeurs honnêtes
» contre un état de choses source des dangers de chagrin et
» même de honte pour la Suisse libérale toute entière. »

L'Union libérale de Neuchâtel publiait, il y a quelques semaines, à propos des discussions du parlement d'Angleterre, les lignes suivantes qui vont droit au fond de la question: « Le système électoral actuel établit une inégalité tel-
» lement choquante entre les électeurs que nous avons
» peine à comprendre comment il a pu subsister jusqu'à
» maintenant. D'après la Constitution, tous les citoyens sont
» égaux. Or y a-t-il égalité de droits entre l'électeur de la
» majorité dont les opinions et les intérêts sont seuls repré-
» sentés et le citoyen de la minorité qui n'est pas représenté
» du tout? Que dis-je? Il n'est pas représenté. Il ne l'est
» que trop! puisque par comble d'absurdité, il est représenté
» par les députés d'une opinion contraire à la sienne. Il est
» certain que le canton de Neuchâtel tirerait, comme le
» canton de Genève, un profit immédiat de l'application du
» principe de la représentation proportionnelle. »

A ces citations de journaux qu'il serait facile de multiplier, joignons un fait d'une autre nature. Dans le Grand Conseil de Bâle, au commencement de cette année, M. Stählin-Brunner, a prononcé, dans une discussion relative à la révision de la Constitution, discussion qui n'a pas eu de résultat pratique, les paroles que voici : « Ma conviction parfaitement » arrêtée, c'est que les élections doivent introduire dans le » Grand Conseil des hommes représentant tous les cercles » de notre population, les intérêts divers et les idées diffé- » rentes. Nous ne devons pas désirer des élections de partis » ni un Grand Conseil qui soit simplement l'expression » de la majorité. Que les minorités soient *assurées* d'être » représentées, c'est là de tous les points le plus essen- » tiel. »

Notre idée, Messieurs, est maintenant en pleine lumière dans notre patrie Suisse. On ne pourra plus passer à côté avec un regard distrait, ou avec un sourire, comme on l'a fait à d'autres époques, et l'on peut affirmer, avec des bonnes chances de ne pas se tromper, que désormais il n'y aura pas de révision constitutionnelle dans l'un des cantons de la Confédération sans que la réforme électorale, telle que nous la sollicitons, soit proposée, vivement défendue et sérieusement discutée.

Ce n'est pas en Suisse seulement qu'un mouvement considérable de l'opinion se manifeste dans le sens de nos principes. Le mouvement est général en Europe et en Amérique, nous pouvons même dire dans le monde, puisqu'il s'est montré dans deux Etats constitutionnels de l'Australie. En effet, — disons-le bien haut, et sans crainte de nous répéter, pour détruire le préjugé qui ne voit dans notre œuvre que la recherche d'un expédient destiné à tirer la politique genevoise d'un mauvais pas, — nous agitons une question générale de sa nature, la plus grande question politique des temps modernes, question qui se pose ou se posera partout où existe un élément de représentation. Qu'il s'agisse d'une monarchie ou d'une république, que le droit de suffrage soit plus ou moins étendu, qu'il soit question de la Suisse, de l'Amérique, de la France, de l'Angleterre, de la Prusse ou des institutions naissantes de la Russie, il n'importe : dès qu'il existe, à un degré quelconque, un élément de représentation le problème de rendre la représentation vraie s'impose à tous les esprits sérieux. Il importe beaucoup aux citoyens d'une république que le système des élections n'altère pas, dans sa source même, l'exercice de leur pouvoir. Il importe beaucoup aussi à un monarque constitutionnel qui désire connaître la véritable pensée de son peuple, que le système des élections ne fausse pas l'expression de cette pensée. Le problème est toujours le même ; il prend seulement une importance particulière dans les démocraties où l'élection est la source unique de tous les pouvoirs. Nous avons déjà plus d'une fois proclamé en théorie la souveraine importance et l'universalité de notre principe. Écoutons maintenant la grande voix des faits qui va confirmer notre pensée. Suivons l'idée de la réforme électorale se faisant une place toujours plus large, sur divers points de notre globe,

a) dans la presse,

b) dans les débats des parlements,

c) dans les décisions législatives.

Dans cette revue générale du sujet, nous nous attacherons seulement, en ce moment du moins, au principe même de la réforme : la destruction du principe des majorités, remplacé par une représentation équitable de tous les électeurs. En poursuivant ce but commun, les réformistes de divers pays entrent dans des voies différentes. Les uns recherchent un procédé qui réalise le principe nouveau dans sa plénitude ; les autres, ne croyant pas qu'il soit possible d'obtenir immédiatement une amélioration aussi complète, s'arrêtent à des systèmes de compromis et de transition, comme ceux par exemple des listes incomplètes et du cumul des votes. Mais, en marchant dans des voies différentes dont les unes sont droites et les autres font un détour, les partisans de la réforme tendent tous au même but; ils veulent tous obtenir le même résultat; ils donnent tous les mêmes arguments. La lutte maintenant engagée dans le monde concerne le principe même. Quand le principe aura triomphé, quand on sera d'accord sur le fondement à poser, il ne sera pas difficile de se mettre aussi d'accord sur les meilleurs plans à adopter, selon la diversité des lieux et des circonstances, pour la construction des édifices nouveaux. L'essentiel est de rompre avec un passé funeste et de déposer dans le sol de la société le germe d'un meilleur avenir. C'est pour cette bonne et grande œuvre que les hommes de tous pays doivent se tendre la main, en se réservant d'appliquer ensuite à chaque peuple les procédés de détail les mieux appropriés à son usage.

LA PRESSE

M. Thomas Hare [1] a eu l'honneur de mettre le premier en grande évidence, en la fécondant par la réflexion, et la suivant dans toutes ses applications pratiques, l'idée de la représentation vraie. Cette idée s'est offerte spontanément à plusieurs esprits, en divers temps, et en divers pays. Sa première apparition connue remonte à un bill de réforme proposé en Angleterre par le duc de Richmond en 1780. De nos jours, MM. Olinde Rodrigue, saint-simonien, et

1. Treatise on the election of Representatives Parliamentary and Municipal. Londres, Longmans, 1859. — La 3me édition est de 1865.

M. Victor Considérant, phalanstérien, l'ont émise et défendue. Nous rappelons ce fait pour avoir l'occasion de dire combien nous trouvons peu forte la polémique d'un publiciste genevois qui a cru condamner suffisamment notre pensée en la taxant de *phalanstérienne.* Nous désirons être toujours prêts à accueillir la justice et la vérité des mains de de tous ceux qui pourront nous les offrir, soit des ducs d'Angleterre, soit des socialistes de France, soit de tous autres. Quoiqu'il en soit, M. Thomas Hare a légitimement attaché son nom au système de la représentation vraie qu'il a le premier étudiée avec tous les développements nécessaires. Son travail, qui est l'ouvrage fondamental sur la matière, a été le point de départ de la grande publicité de l'idée. M. Stuart Mill l'a adoptée [1] et, en l'adoptant, lui a donné le poids de sa grande réputation. M. Fawcet, publiciste anglais, a cherché à simplifier le système de son compatriote [2]. MM. Gustave Burnitz et George Varrentrapp ont porté la question à la connaissance du public allemand [3]; MM. Bourson [4] et Rolin Jacquemyns [5] ont appelé l'attention de la Belgique sur la réforme proposée ; la *Revue des Sciences so-*

1. *Du Gouvernement représentatif*, traduction par Dupont-White, 1 vol. in-12°. Paris, Guillaumin, 1862 — Il faut lire et relire le précieux chapitre intitulé : *De la vraie et de la fausse Démocratie.*

2. M. Hare's, Reform bill, simplified and explained by Henry Fawcett. Londres, Ridgway, 1860.

3. Methode bei jeder Art von Wahlen, sowohl der Mehrheit als der Minderheit, die ihrer Stærke entsprechende Zahl von Vertretern zu sichern. Dargestellt von Dr Gustav Burnitz und Dr Georg Varrentrapp. Frankfurt a. Main, 1863.

4. Système électoral proposé par M. Th. Hare, par Ph. Bourson. Bruxelles, 1864.

5. De la Réforme électorale, par Rolin Jacquemyns. Bruxelles, 1865.

ciales, à New-York [1], la *Bibliothèque universelle* [2], dans notre pays, ont rempli la même mission. Il est sorti des presses d'Upsala, en Suède, une exposition du nouveau système électoral [3]. Enfin, un des maîtres de la science du droit politique en Europe, M. le professeur Bluntschli, s'est prononcé clairement, et en donnant ses raisons, en faveur du système de M. Hare [4]. Cette adhésion est considérable. En effet, M. Bluntschli, avant d'être appelé à l'enseignement du droit dans les universités d'Allemagne, a été longtemps membre des Conseils du canton de Zurich, et souvent député aux Diètes fédérales. Il joint donc une grande connaissance pratique des affaires à l'étude scientifique des questions, et il n'est pas possible d'atténuer la valeur de son opinion en le représentant comme un homme de cabinet et un pur théoricien.

Le principe de la réforme a donc été soumis, en des pays divers, par des hommes appartenant à des partis politiques différents, à l'action prolongée de la réflexion. Il est sorti victorieux de cette épreuve et a pris rang dans la science. C'est quelque chose, c'est même beaucoup, mais ce n'est pas assez. Les écrits que nous venons d'indiquer s'adressent au public relativement restreint des livres et des revues. Une réforme politique a besoin, pour être réalisée, de la faveur de l'opinion générale; il lui faut une large place dans la presse politique qui atteint tout le monde. Notre principe s'est fait cette place, il se la fait tous les jours plus vaste,

1. Octobre 1866.
2. Mars et Avril 1867.
3. Representation fœr Minoriteterna genom Val-Lag, Fœreslagen af Thomas Hare. Upsala, 1866.
4. Bluntschli's allgemeines Staatsrecht. Munich, 1863. 3me édition. Tome, I, page 492.

surtout depuis les débats récents du parlement d'Angleterre. Ici le dossier des pièces devient immense, Bornons-nous à enregistrer l'opinion de quelques publicistes, en prenant surtout nos exemples en France.

M. *Louis Blanc*, ancien membre du gouvernement provisoire de 1848, correspondant du journal le *Temps* [1]. — « La » majorité doit avoir plus de représentants que la minorité; » fort bien. Mais s'en suit-il que la minorité n'en doive pas » avoir du tout? C'est pourtant ce qui arrive (dans le sys- » tème actuel). Le représentant élu (pour un collége) est » celui de la majorité, et le vote de la minorité se trouve » n'avoir pas plus de valeur, l'élection faite, que si la mino- » rité n'existait pas. — J'admire ceux qui définissent le » règne absolu de la majorité, *gouvernement du peuple par* » *lui-même*, et qui, cela fait, se croient de grands démo- » crates. J'affirme, moi, au nom de l'évidence, que c'est là » tout simplement le *gouvernement du plus petit nombre par* » *le plus grand nombre*. Or, que le plus grand nombre l'em- » porte sur le plus petit, soit; mais le plus petit nombre » doit-il être compté pour rien, absolument pour rien? Il » est des cas où la majorité n'est que la minorité plus un, » et la minorité la majorité moins un; prétendra-t-on qu'il » suffit d'une voix de différence pour faire que l'une des » deux fractions soit le PEUPLE, et que l'autre soit le néant? » De ce qu'il est juste que la majorité fasse pencher la ba- » lance, faut-il conclure que, dans l'un des plateaux, la mi- » norité ne doit point peser son poids.... Partout où la voix » des minorités est étouffée, que dis-je? partout où elles » n'ont pas leur influence *proportionnelle* sur la direction » des affaires publiques, le Gouvernement n'est qu'un Gou-

1. Dossier de l'Association réformiste, pièce n° 10 .

» vernement de privilége, au profit du plus grand nom-
» bre, et n'oublions pas que la tyrannie germe dans tout
» privilége. »

M. *Prévost-Paradol*, collaborateur du *Journal des Débats*[1]. — « C'est au profit de tous les partis que les minorités
» électorales, aujourd'hui exclues de la représentation, se-
» raient douées désormais de l'existence législative et de la
» parole. Il s'agit du sort des minorités, sous le régime du
» suffrage universel, c'est-à-dire qu'il s'agit de tout le
» monde, car nul ne peut se flatter de trouver ce genre de
» suffrage toujours docile. — Que résulte-t-il du système
» toujours suivi jusqu'ici? Ce qui en résulte, on le sait par
» expérience, c'est qu'un nombre considérable de citoyens,
» habitués à être en minorité, se dégoûtent et se désinté-
» ressent des affaires publiques, et s'abstiennent de pren-
» dre part à des élections dont le résultat est connu d'a-
» vance, et dans lesquelles ils savent qu'ils seront comptés
» pour rien. C'est encore de la même manière que peuvent
» se former ces assemblées, animées d'un esprit étroit
» et exclusif, poussant à l'excès le mouvement d'opinion
» dont elles sont sorties, dénuées de tout contre-poids dans
» leur propre sein, et, ce qui est plus fâcheux encore pour
» la dignité du pays, privées d'hommes éminents auxquels
» une majorité intolérante aura pu, en tout lieu, fermer
» sans peine l'accès de la représentation nationale. Mettez
» en regard de ce tableau les avantages du nouveau système
» qui, en tenant compte des minorités, constituera enfin,
» dans la force du terme, *une vraie représentation natio-*
» *nale!* »

M. *Laboulaye*, professeur de législation comparée au col-

1. Dossier, pièces 100 et 103

» lége de France [1]. — « Si la Chambre était ouverte à tous
» à des conditions égales, les minorités, toujours ambi-
» tieuses de se produire, s'attacheraient à un régime où le
» droit serait garanti. Mais que peut faire, en telle ou telle
» province, un démocrate, un libéral, un ouvrier? Que lui
» importe son vote que, d'avance, il sait inutile? Que lui
» fait une Chambre d'où son opinion est forcément exclue?
» Faites que tout suffrage ait une valeur égale, que chaque
» électeur soit sûr que son vote pèsera dans la balance,
» qu'un même chiffre de voix fasse un député par toute la
» France, et soyez sûr que les élections seront à la fois plus
» suivies et moins ardentes, et que les décisions du scrutin
» seront acceptées avec plus de confiance et de respect par
» toutes les opinions. »

Vous remarquerez, Messieurs, en rapprochant les opinions de ces trois publicistes, la diversité des hommes appartenant à des opinions différentes, la variété des points de vue et la conclusion commune à laquelle ils arrivent : Si vous voulez le régime représentatif, établissez la représentation vraie; ne laissez pas l'édifice politique reposer sur un mensonge!

Vous serez peut-être bien aises d'avoir quelques renseignements sur la part qui nous revient, au-delà des frontières de la Suisse, dans ce grand mouvement de publicité.

Un journal belge, le *Commerce de Gand* [2], dans un article de fond, a rendu compte des travaux de notre association, cité presqu'entièrement notre pétition au Grand Conseil, et remarqué que notre œuvre genevoise pouvait être pour la Belgique une lumière et un exemple.

1. Dossier, pièce 113.
2. Dossier, pièce 60.

Dans *la Liberté* [1], l'un des journaux les plus répandus de France, M. Boutmy a consacré un très-long article à l'histoire et à l'analyse de nos travaux, qu'il expose et discute avec une sympathie marquée pour notre principe. Cet article rappelle que, dès 1850, M. Emile de Girardin a soutenu la thèse de la libre réunion des voix des électeurs.

Le *Daily News* [2], qui a une grande circulation en Angleterre, a reproché aux législateurs anglais de ne pas accorder une attention suffisante aux publications de l'Association réformiste de Genève, et il a transcrit, comme très-directement applicable au Parlement, l'appel que nous avons adressé au zèle et au patriotisme des membres de notre Grand Conseil.

Une forte brochure qui vient de paraître à Londres [3], et qui a été largement répandue en Angleterre et à l'étranger, renferme, à la suite d'un discours de M. Stuart Mill, une collection de pièces du plus grand intérêt relatives à la question de la réforme électorale. Au nombre de ces pièces, on trouve le catalogue complet de nos publications et la traduction en anglais de quelques-unes de nos pages les plus significatives.

L'opinion publique, dans le sens le plus vaste de ce mot,

1. Dossier, pièce 107.

2. Dossier, pièce 95.

3. Personal Representation. — Speech of John Stuart Mill. M. P. delivered in the house of commons, May 1867. With an appendix containing notices of reports, discussions and publications on the system in France, Geneva, Germany, Belgium, Denmark, Sweden, the australian colonies and the United States.— Second edition. — London Henderson, 23, Berners Street, Oxford Street, 1867.

Nous recommandons vivement cette publication à l'attention des partisans de la réforme.

est donc nantie de la question de la réforme, ou, pour mieux dire, de l'établissement du système représentatif, qui n'existe encore que de nom ; et l'opinion publique a provoqué des discussion dans les Parlements.

LES DÉBATS PARLEMENTAIRES

Le 4 mars 1863, le Parlement de la colonie de Victoria (Australie) a discuté un projet de loi tendant à réaliser la représentation des minorités par le moyen du cumul des votes [1]. A l'occasion du procédé proposé, on a abordé la question générale du principe de la réforme. Le Parlement a accordé une attention très-sérieuse à cet objet; quatorze orateurs ont pris la parole. La mesure n'a pas été adoptée, et la première des objections qui lui ont été opposées a été que l'idée était bien nouvelle, et qu'un État aussi jeune que celui de Victoria devait attendre qu'on eût fait l'expérience ailleurs. Ce débat tire un intérêt tout particulier du fait qu'il a eu lieu dans une contrée si lointaine, et dans des circonstances bien différentes des nôtres. Les partisans de la réforme ont donné précisément les mêmes raisons que nous donnons ici. Les adversaires de la réforme ont mis en avant précisément les mêmes objections, et aussi les mêmes fins de non recevoir qu'on nous oppose ici. Changez quelques noms propres et quelques circonstances de détail, vous pourrez croire que la discussion de Melbourne a eu lieu à Genève ou à Lausanne. Cette similitude de pensées prouve d'une façon très-con-

1. Voir les Appendices de l'ouvrage de M. Hare, et la brochure indiquée ci-dessus.

cluante que la question soulevée est une question générale, à l'égard de laquelle la diversité des lieux n'a pas d'influence. Je ne vous retiendrai pas longtemps, du reste, à Melbourne ; des faits plus rapprochés réclament toute notre attention.

Au mois de mai dernier, la Chambre des Communes d'Angleterre, étant nantie d'un bill de réforme relatif à l'extension du droit de suffrage, M. Stuart Mill a saisi cette occasion pour attirer l'attention de l'Assemblée sur le système du quotient électoral. Quelques députés anglais ont accueilli ses idées avec des exclamations ironiques. Le *Times* du 1er juin 1867 s'est fait l'organe de ce gros et superficiel bon sens qui voudrait passer en riant à côté de toute pensée nouvelle. Il tente d'accabler sous des plaisanteries un peu lourdes le système qui donnerait des représentants à « toutes les choses créées, non créées et impossibles. » Il dépeint ce parlement où arriveraient des délégués des homéopathes et des allopathes, des ritualistes, des mormons, des fénians, des millénaires... et le journaliste en belle humeur ne prend pas garde que l'idée qu'il raille ainsi est tout simplement l'idée d'une représentation qui représenterait véritablement les électeurs. Un orateur fort considéré, lord Cramborne, a rappelé la Chambre des Communes au respect d'elle-même ; et, tout en déclarant qu'il ne pensait pas que la Chambre entière fût jamais élue d'après le système indiqué par M. Stuart Mill, il a pourtant concédé, comme nous le verrons plus tard, qu'une application partielle du principe nouveau pourrait avoir des avantages.

Cinq orateurs ont pris la parole après lord Cramborne, et le chancelier de l'échiquier a clos la discussion en indiquant combien il était bon que des idées aussi importantes, bien qu'il n'y eût pas de chance qu'elles fussent immédiatement adoptées, eussent été l'objet de la sérieuse attention du Parlement. M. Mill, qui voulait seulement que la question fût étudiée, en vue de décisions ultérieures, n'en demandait pas davantage. Il avait introduit avec éclat l'idée nouvelle dans les débats parlementaires d'un des premiers corps politiques du monde ; c'était assez pour un jour.

Cette discussion importante a eu lieu en mai 1867. En mai 1867 aussi, l'Assemblée Constituante de l'État de New-York (cet État révise en ce moment sa Constitution) était nantie de la même question. Il s'est formé à New-York une Association réformiste qui porte le titre de : *Société pour la représentation personnelle*. Elle poursuit le même but que nous, et par les mêmes moyens. Le président de la Société est M. David Dudley Field, jurisconsulte qui a fondé sa réputation aux Etats-Unis par la codification des lois de l'État de New-York. Nos confrères américains ont reconnu dans leur système électoral les mêmes vices que nous signalons dans le nôtre, et ils proposent exactement le même principe pour la réforme : la destruction de la loi des majorités et l'élection de tout candidat qui a réuni le quotient électoral. Leurs travaux offrent une analogie si frappante avec les nôtres (vous en jugerez), que nous pourrions faire l'échange de nos publications, en substituant quelques noms et quelques chiffres à d'autres, et garder pour nous les mémoires rédigés à New-York, en donnant à New-York les mémoires rédigés à Genève. La Société pour la représentation personnelle a envoyé à la Constituante une adresse collective signée par tous les membres de son comité exécutif, et un mémoire rédigé à sa demande par M. Simon Stern[1]. Nous n'a-

1. Report to the Constitutional convention of the State of New-York, on personal representation, broch. in-8°. New-York, Simpson et C°. 1867

vons pas encore de renseignements sur les débats relatifs à cette affaire; nous espérons les recevoir prochainement de New-York, où nous les avons demandés.

Les démarches des réformistes de New-York datent du mois de mai. En juillet, à l'occasion de la réorganisation des États rebelles du Sud, M. le sénateur Buckalew de Philadelphie a introduit la question de la réforme au Sénat d'Amérique, en vue des élections du Congrès[1]. Il critique comme nous le principe des majorités; il réclame comme nous la représentation équitable de tous les groupes de citoyens. Comme procédé d'exécution, il s'attache à l'idée du cumul des votes, et fait à Washington une proposition analogue à celle que M. Wessel a présentée sans succès au Grand Conseil de Genève.

Voilà donc, sans parler de l'Australie, notre cause trois fois plaidée, et en trois lieux différents : à Londres, à New-York et à Washington. Ces indications sommaires ne sauraient nous suffire. Je vais porter à votre connaissance le résumé des arguments employés par M. Stuart Mill, la traduction de la requête des réformistes de New-York, le résumé des arguments de MM. Simon Stern et Buckalew. Le secrétaire de notre comité d'administration, M. André Alliez, m'a prêté pour ces divers travaux un concours indispensable pour moi, et qui n'est qu'une preuve entre bien d'autres du zèle avec lequel il se consacre au succès de notre œuvre Il est impossible de reproduire ces différents plaidoyers en faveur d'une même cause, sans beaucoup de répétitions. Il est impossible de les reproduire sans vous redire ce que tant de fois déjà nous avons dit dans nos assemblées. Mais

1. Cumulative voting. — Speech of Charles R. Buckalew, of Pensylvania, broch. in-8°. Juillet 1867.

ces répétitions sont instructives ; les supprimer serait sacrifier les intérêts de notre œuvre à un scrupule littéraire fort déplacé. Il est intéressant de reconnaître une fois de plus que la raison parle le même langage partout ; il est utile pour notre cause de démontrer par des faits que la recherche de la vérité de la représentation conduit aux mêmes résultats des deux côtés de la Manche et sur les deux rives de l'Atlantique.

Résumé des Arguments en faveur de la Réforme électorale, présentés à la Chambre des Communes d'Angleterre par M. Stuart Mill. — *Mai 1867.*

L'extension du droit de suffrage, dont le Parlement est maintenant occupé, offre des avantages et présente des dangers. On ne saurait réaliser pleinement ces avantages et prévenir ces dangers qu'au moyen d'une réforme du système électoral que les hommes de tous les partis peuvent également accepter, parce qu'elle ne doit avoir aucun autre résultat que celui de placer les luttes politiques sur un terrain loyal.

Cette réforme consiste à substituer au choix des représentants, au moyen de la lutte de deux partis dans des districts fermés, la libre réunion des suffrages sur les candidats du pays, tout candidat qui aura réuni le nombre de suffrages qui répond à un député se trouvant élu. Pour sentir l'importance et l'opportunité de cette mesure, il faut montrer le mal qui existe aujourd'hui, et démontrer ensuite que le remède proposé est bon.

Qu'il y ait un vice dans les institutions électorales actuelles, tous le senten ; mais tous ne discernent pas bien la vraie source du mal. Il importe, plus que jamais, d'arriver à des vues claires sur ce sujet, au moment où on se dispose à augmenter le nombre des électeurs. Nous allons créer de nouveaux électeurs ; mais le droit que nous leur offrons perd beaucoup de sa valeur par le fait que les électeurs actuels ne sont pas véritablement représentés.

Les minorités électorales de chaque district sont sans action aucune sur les délibérations du Parlement, précisément comme si elles ne possédaient pas du tout le droit de suffrage. Ces minorités exclues des délibérations nationales, peuvent renfermer le tiers, presque la moitié de la nation. Les électeurs des majorités sont représentés ; mais dans un sens qu'on peut appeler *grossier*. Leur parti a des représentants ; mais il ne sont pas représentés, eux, par les hommes de leur parti qu'ils auraient désirés. Si on cherche combien il y a aujourd'hui, dans toute l'Angleterre, d'électeurs qui soient représentés par l'homme qu'ils désirent, on verra que le nombre en est infiniment petit. Le choix des candidats (par l'effet du système actuel) est fait par des meneurs qui peuvent être de fort honnêtes gens, mais qui peuvent être aussi des tripoteurs disposés à mettre en avant les hommes qui ont le plus d'argent à dépenser pour une candidature.

Les électeurs des majorités ne possèdent ainsi qu'un droit de suffrage singulièrement restreint par le fait que les candidatures sont imposées ; de plus, le droit de la majorité se trouve encore gravement compromis. La Chambre élective ne représente que la majorité des électeurs ; lorsque ses membres se divisent, les décisions sont donc prises par la majorité de la majorité, qui ne représente plus qu'une minorité. Ainsi, la minorité peut faire la loi, et le système est également injuste et pour les minorités exclues de la représentation, et pour la majorité véritable à laquelle le droit souverain de décision se trouve enlevé.

On répond que le système ne porte pas de tels fruits, parce que, vu la diversité des colléges électoraux, le parti qui succombe dans l'un, à chance de triompher dans l'autre; et qu'il s'établit ainsi, en définitive, une sorte de justice. Mais la représentation *des partis* est elle tout? La volonté des électeurs, quant au *personnel* de la représentation, doit-elle être comptée pour rien? En ce cas, il suffirait d'élever trois drapeaux, le whig, le tory, le radical, de faire voter les électeurs sur le choix du drapeau, et de laisser ensuite aux chefs du parti victorieux le soin de désigner à leur gré les membres des parlements [1].

La racine de tous ces maux est dans le principe des élections par les majorités locales. Le remède existe dans le système nouveau proposé par M. Hare, qui a solidement établi les principes de la réforme et étudié, avec grand soin, tous ses détails. Ce système ne paraît difficile à entendre qu'à ceux qui se contentent d'y jeter en passant un coup-d'œil superficiel. Lorsque les électeurs pourront porter librement leurs suffrages sur les candidats, et que tout candidat qui aura réuni le nombre de suffrages répondant à un député sera élu, chaque électeur aura son influence sur le Parlement. Il aura contribué au choix de l'homme qui représente le mieux ses opinions, et auquel il remet, avec le plus de confiance, la tâche de prononcer pour son compte

1. A Genève, si on votait avec des boules de deux couleurs, la *radicale* et l'*indépendante*, et que le Comité électoral du parti vainqueur fit ensuite le choix des députés, le résultat serait meilleur que celui du régime actuel; tous ceux qui connaissent la manipulation électorale comprendront pourquoi. De plus le système serait vrai, ce qui est toujours un avantage.

sur les questions à l'égard desquelles il n'a pas d'opinion arrêtée.

On objectera à cette réforme que les intérêts locaux se trouveront sacrifiés; il n'en est rien. Les intérêts locaux continueront à être représentés dans la mesure exacte où ces intérêts existent dans l'esprit des électeurs, puisque l'effet de la réforme sera de rendre aux électeurs toute leur liberté. Les candidatures locales subsisteront, puisque les intérêts locaux existent ; seulement elles ne s'imposeront plus aux hommes qui veulent faire représenter autre chose que les intérêts de leur localité. Il est même à présumer que la valeur moyenne des candidats locaux sera augmentée dès qu'il faudra leur assurer des suffrages libres de se porter ailleurs.

La réforme proposée est essentiellement impartiale. Elle répond également aux vues des deux grands partis qui se partagent la société; elle est en même temps *conservatrice* et *démocratique*.

Les conservateurs anglais font valoir en faveur du régime actuel le fait de la grande variété d'idées et d'intérêts qui se trouvent réprésentés dans le Parlement. Ils opposent à l'extension du droit de suffrage la crainte de voir les classes supérieures de la société noyées sous la vague démocratique. Le système nouveau établira dans le Parlement une variété plus grande encore et plus assurée que celle qui existe aujourd'hui. On ne verra pas, comme en Amérique, les hommes les plus distingués du pays se retirer de la vie politique. Ils auront des siéges assurés dans le Conseil de la nation, et tiendront à honneur de combattre contre les entraînements des majorités en faveur des idées qu'ils croiront justes et bonnes. La réforme proposée satisfait donc les désirs des conservateurs.

Quelle est maintenant l'idée des démocrates? Que demandent-ils? Ils demandent que tous soient également représentés. Le système nouveau réalise, et réalise seul, cet idéal de la démocratie. Le système actuel, qui laisse des masses considérables d'électeurs privés de représentants, est au contraire une réalisation de la démocratie parfaitement dérisoire.

Si l'on cherche à quel parti profitera la réforme proposée, on verra qu'elle profitera toujours à la partie faible et lésée de la nation, parce qu'elle ne saurait jamais avoir d'autre effet que l'établissement de la justice. Aujourd'hui, la réforme tournera à l'avantage des classes ouvrières. Plus tard, elle sera la sauvegarde de la propriété et des classes supérieures de la société, toujours assurées d'être entendues dans le Parlement et d'y conserver leur juste part d'influence.

Il ne faudrait pas repousser l'idée de la réforme, parce qu'elle est nouvelle; car des circonstances nouvelles réclament de nouvelles mesures. Cette idée a été très-sérieusement étudiée; elle a obtenu l'appui de publicistes éminents, tant en Europe qu'en Amérique, et une association importante s'est fondée à Genève pour en obtenir la réalisation. L'essentiel est d'établir le principe nouveau dans les institutions Quand au procédé pratique de son exécution, nous serons prêts à adopter tout plan proposé qui pourrait être démontré préférable à celui de M. Hare.

Traduction de la requête adressée à la Constituante de l'État de New-York, par la Société pour la Représentation personnelle.

Les maux de notre système politique actuel sont notoires.

La suprématie de la plus mauvaise classe des directeurs

de partis devient chaque jour plus solidement établie ; leur conduite est si intolérable que beaucoup de nos concitoyens en sont venus à désespérer de nos institutions démocratiques. C'est ce qui fait que les avocats de l'aristocratie et de la monarchie, dans le vieux monde, tirent leurs plus forts arguments contre le gouvernement populaire, des maux politiques de notre pays. Il devient, par conséquent, du devoir de tous ceux qui ont foi dans le gouvernement populaire, de s'enquérir attentivement des vices de notre mécanisme actuel de gouvernement, de se rendre compte exactement des défauts qui ont jeté le pouvoir législatif dans les mains d'hommes si souvent indignes qu'on leur confiât une semblable responsabilité, et qui sont si mal titrés pour servir d'exemples de la sagesse du choix du peuple dans l'élection de ses conducteurs.

Nous croyons que les maux dont nous souffrons sont la conséquence directe et nécessaire du système actuel d'élection des délégués aux corps législatifs, système inséparablement lié aux abus de la direction des partis que nous déplorons maintenant. Ce système oblige tous les hommes à idées indépendantes à voter pour l'une ou l'autre des listes des partis, ou bien à rester sans représentation, puisqu'aucun candidat indépendant n'a d'ordinaire la chance d'être élu Des meneurs de partis irresponsables ont seuls en réalité le pouvoir de nommer deux hommes dont l'un sera le représentant local. On laisse ainsi au votant, dans bien des cas, l'unique et pauvre privilége de mettre sur son bulletin le nom de celui de ces deux hommes dont il se défie le moins. Si le candidat n'obtient pas une majorité locale, tous les électeurs qui lui ont donné leur suffrage sont pratiquement aussi entièrement privés de leur droit électoral que s'ils avaient été exclus de force du lieu de l'élection.

Par notre présent système, nous confions ainsi à des meneurs de partis le pouvoir de choisir les hommes par lesquels le peuple sera représenté, et nous obligeons, par la nature même de l'institution, tous les citoyens à s'enrôler dans les rangs d'un parti, et à se soumettre au contrôle de ses meneurs. La chose se passe ainsi, de telle sorte, que ceux qui ne veulent pas se soumettre au contrôle d'hommes dont ils se défient, doivent abandonner tout espoir d'assurer leur représentation. En effet, sauf des circonstances exceptionnelles, ce n'est que par le puissant mécanisme de l'organisation d'un parti compacte qu'une majorité locale peut être assurée à un candidat.

Notre système actuel d'élections a donc les caractères suivants :

1° Il enlève le droit d'élire à toutes les minorités, et ces minorités, privées de toute voix délibérative dans la législature, montent quelquefois à près de la moitié des votants de l'Etat.

2° Il mène droit à la séparation de toute la population en deux grands partis, ce qui oblige ces partis à une uniformité forcée et hors de nature dans leur manière d'agir, et contraint les électeurs à une soumission aveugle aux meneurs.

3° Il a amené en pratique la non-reconnaissance des droits des minorités, comme aussi leur non-représentation dans les corps législatifs.

4° Il condamne à la vie privée beaucoup de bons citoyens du pays qui sont entre les meilleurs, les plus sages, les plus féconds en pensées originales, et qui ne sauraient consentir à n'être que de simples outils aux mains d'une organiration de parti systématique.

5° Il permet la représentation des majorités seulement, et comme les lois sont faites par la simple majorité des représentants de la majorité, le pouvoir de faire la loi se trouve tomber aux mains d'une véritable minorité du peuple.

Ce dernier point est de la plus haute importance, et nous attirons toute votre attention sur les conséquences pratiques qui résultent de cet état de choses. Si, au nombre des citoyens qui sont représentés par la minorité battue des membres du corps législatif, nous ajoutons tous ces citoyens qui votèrent comme minorité à l'élection des membres, nous trouvons que les lois ainsi faites peuvent réellement ne pas exciter la confiance générale du peuple; et même le gouvernement populaire devient responsable des maux et des fâcheuses conséquences d'un système législatif arrangé de telle sorte que la minorité du peuple, pris dans son entier, peut dicter des lois à la majorité. Le but qu'il faut atteindre en réalisant un vrai système de représentation, est que la votation des lois, dans tous les cas, représente la volonté de la réelle majorité de tous les votants du peuple. Ceci ne peut être obtenu que si tous les électeurs sont représentés, et apportent ainsi une influence proportionnelle à leur nombre dans la confection des lois.

En signalant donc l'importance de la représentation personnelle de chaque votant, nous n'avons pas seulement en vue d'assurer la représentation des MINORITÉS, mais notre point de mire est de réaliser par ce moyen le gouvernement du peuple par une véritable, et non plus par une prétendue et simulée MAJORITÉ.

La requête expose ici le système du quotient électoral, appliqué à l'Etat de New-York, avec cette particularité que (avec certaines précautions pour assurer un minimum de députés), un même député pourrait représenter plusieurs groupes électoraux, et avoir autant de voix dans le parlement qu'il aurait réuni de fois le quotient électoral.

Nous disons qu'une assemblée ainsi élue serait en fait, et

non pas seulement de nom, un corps qui représenterait véritablement tout le peuple de l'Etat, et dans laquelle chaque opinion aurait son juste poids. Un tel corps promulgant les lois, serait vraiment la voix de la majorité du peuple tout entier.

Nous n'avons pas la prétention de dire que notre plan en finirait avec les influences des partis dans le choix des représentants. Aussi longtemps qu'il y aura des partis, ils voteront pour des candidats de partis, et des candidats de partis seront élus. Mais nous affirmons que notre projet émanciperait tous les électeurs qui ne sont pas volontairement enrôlés dans les partis, de la nécessité d'élire malgré eux des candidats de partis, puisque chaque candidat qui obtiendrait la confiance de 2000 votants (ou tout autre quotient déterminé), aurait un siége assuré dans le corps législatif. Notre plan n'empêcherait pas la présence dans notre législature de simples politiques ou de *faiseurs* corrompus, aussi longtemps que de telles personnes trouveraient des citoyens assez corrompus ou assez ignorants pour voter pour eux en nombre suffisant; mais il assurerait la présence de beaucoup des meilleurs hommes de la communauté, représentant une partie considérable des électeurs. Ces bons représentants seraient assurés de la conservation de leurs siége, année après année, car ils seraient assurés des votes d'un nombre croissant de commettants, aussi longtemps qu'ils justifieraient la confiance accordée, sans crainte d'offenser les meneurs de partis qui, peu à peu, perdraient ainsi leur influence politique.

De tels représentants (les hommes vraiment distingués du pays) n'auraient pas seulement le pouvoir de voter par procuration pour leurs commettants, ils possèderaient en outre une influence *personnelle* sans proportion numérique avec les suffrages de leurs électeurs; leur présence purifierait l'atmosphère politique et relèverait le ton de tout le corps législatif.

Dans le rapport que nous joignons respectueusement à cette requête[1], on trouvera une série de tableaux exposant les inégalités et l'injustice du présent système d'élection. Le rapport contient aussi d'autres plans qui ont été imaginés et élaborés pour assurer la représentation personnelle de chaque votant dans la législature[2].

Nous soumettons à votre sagesse toutes ces considérations et ces divers projets, avec la confiance que vous étudierez les moyens les plus convenables pour introduire dans la nouvelle constitution un système établissant la parfaite représentation de tout le peuple, ou, tout au moins, que vous règlerez ce point dans la Constitution d'une manière assez flexible pour que la législature puisse à l'avenir pourvoir, par une loi électorale relative à l'élection de ses membres et de ceux de tous les corps législatifs subordonnés, à un plan qui assure la représentation personnelle de chaque électeur, et assure à tous une influence égale sur la formation des lois.

PAR ORDRE DE L'ASSOCIATION.

David Dudley Field................	Comité exécutif.
François-Georges Schaw...........	
Robt. B. Minturn.................	
Sydney Howard Gay................	
Edward Cooper....................	
J. Francis Fisher................	
Simon Stern......................	
David G. Croly...................	
Mahlon D. Sands..................	
Alfred Pell Jr...................	

1. Le rapport de M. Simon Stern, dont le résumé suit.
2. Un Appendice au Rapport de M. Stern contient deux projets électoraux.

Résumé des Arguments en faveur de la Réforme électorale, présentés à la Constituante de l'État de New-York par M. Simon Stern. — *Mai 1867.*

Les auteurs de la Constitution de 1846 avaient cherché, au moyen de mesures législatives, à tarir les sources de la vénalité et de la corruption qui déshonorent notre vie politique. Le succès n'a pas couronné leurs efforts. Le courant de la vénalité et de la corruption est si puissant qu'il menace les bases mêmes de nos institutions. Il est parmi nous des hommes tellement froissés par la marche des affaires, qu'ils consentiraient presque au sacrifice de nos libertés politiques, si ce sacrifice devait leur assurer une administration honnête. Cet état de choses très-inquiétant nous invite à examiner avec attention la base même de notre ordre politique, pour chercher s'il ne renfermerait point quelque vice fondamental auquel il fût possible de remédier. Ce vice existe dans notre système d'élections.

Un publiciste anglais, M. Hare, a démontré avec une rigueur presque mathématique l'injustice du système qui remet à la seule majorité le choix des représentants de tous, et il a mis en lumière ses déplorables conséquences. C'est sur ce point que doit porter la réforme qui nous est nécessaire.

Qu'est-ce qu'une république dans son idée vraie ? C'est un peuple se gouvernant par lui-même. Si tous nos discours sur la liberté et l'égalité ne sont pas phrases vides et déclamations vaines, chaque citoyen doit avoir sa part d'influence sur les affaires du pays : sa voix doit compter dans les décisions législatives. A Athènes, le peuple se rassemblait sur la place publique, et chacun donnait son suffrage. Cet exercice direct de la démocratie est impossible dans un grand pays, et il n'est pas bon en lui-même, parce qu'une délibération sérieuse et un vote éclairé réclament une réunion d'hommes limitée en nombre. L'excellence du système représentatif consiste en ce que tous ont leur part d'action au moyen de la délégation des pouvoirs, que chaque voix a ainsi une influence médiate sur les décisions, tandis que, d'autre part, le nombre restreint des membres de l'Assemblée élective permet une sérieuse étude des questions. La représentation réalise, si elle est vraie, l'exercice régulier de la démocratie. Mais, dans le système actuel, une partie du peuple est seule représentée, et cette partie peut n'être guère plus de la moitié. Supposons qu'à Athènes la majorité eût exclu la minorité par la violence, et ensuite décidée seule les affaires de la république ; cela nous frapperait comme un affreux scandale. Notre système électoral réalise précisément le même fait par une violence légale à laquelle nous ne faisons pas attention. Les citoyens faisant partie des minorités électorales ne sont pas représentés. Ils n'ont aucune action ni directe ni indirecte sur les affaires du pays. Vaincus à l'élection, ils sont exclus de tout droit de délibération et de vote.

Les représentants de la majorité seule, réunis en corps délibérant, peuvent se diviser sur une question. La minorité de l'assemblée, jointe à cette autre minorité exclue par les élections, peut souvent former la vraie majorité du pays. Cela est clair. Aussi, lorsqu'on réclame la représentation de tous, et par conséquent des minorités, on veut par là même maintenir à la majorité vraie la décision des affaires publiques, que le système électoral actuel fait souvent passer à une minorité.

Si le système des majorités électorales est faux et injuste

en lui-même, il n'est pas moins déplorable dans ses conséquences.

Les majorités ne s'obtiennent que par des coalitions. Pour lutter et vaincre, il faut que les électeurs se soumettent à une discipline militaire et reçoivent le mot d'ordre des chefs de partis. Que peuvent faire les citoyens qui n'acceptent pas les vues des deux partis seuls en présence? Courber la tête sous le joug, en abdiquant toute indépendance, ou renoncer à l'exercice de leur droit; ils n'ont pas d'autre alternative. Ce n'est pas tout. La lutte de deux partis exclusifs ne force pas seulement à des coalitions électorales où l'indépendance périt, elle suscite encore et appelle la corruption. Dès que l'un des partis emploie des manœuvres immorales, l'autre se croit obligé de faire de même. Voudrez-vous engager l'une des parties belligérantes à ne lutter que dans les conditions de la loyauté? Vous ne serez pas écouté. Autant vaudrait proposer à une armée de s'avancer avec les seules armes de la justice et de la vérité contre une armée bien pourvue de carabines et de canons.

Les mêmes causes qui agissent si défavorablement sur les électeurs exercent l'action la plus fâcheuse sur la composition du corps législatif et sur l'ordre politique tout entier. Un candidat, pour avoir de bonnes chances, pour plaire à la majorité, doit trop souvent renoncer à exprimer librement ses pensées. Les âmes nobles répugnent à se dépouiller de leur indépendance pour n'être que les porte-voix d'un parti. La médiocrité est trop souvent une circonstance favorable aux candidatures, et les législatures, privées de la présence des hommes les plus capables du pays, vont s'abaissant de la façon la plus triste.

Le parti dominant dans le corps représentatif peut ne représenter, comme il a été dit, que la minorité du peuple.

Il croit cependant, par l'illusion du système, représenter véritablement le peuple entier, et accueille trop souvent toute opposition à ses vues comme une sorte de rébellion contre la volonté nationale.

Nous avons une peine extraordinaire à trouver des hommes qui consentent à accepter les fonctions politiques. Les considérations qui précèdent n'expliquent pas seules ce fait regrettable. Il a une autre cause encore qui provient aussi du système électoral. Quand toute la politique du pays dépend d'une majorité que le changement d'un petit nombre de votes peut modifier, toutes les positions sont instables, et l'absence de toute garantie de durée en éloigne.

On croit répondre à nos objections contre l'ordre de choses actuel, en disant que l'existence de plusieurs colléges électoraux offre à chaque opinion la chance de l'emporter dans quelqu'un de ces colléges, et qu'il s'établit ainsi des compensations, si on considère le pays dans son ensemble. Nous n'admettons pas précisément que la justice puisse résulter d'une double injustice. Consoler des opprimés en leur faisant reconnaître que d'autres sont opprimés ailleurs en sens contraire, est une méthode qui laisse quelque chose à désirer. D'ailleurs, cette sorte de justice dépend d'une *chance*, et les faits sont là pour prouver que cette chance ne se réalise pas. Un tableau complet des élections américaines, soit pour la législature des États, soit pour le Congrès, prouve que, malgré la multiplicité des colléges, la justice ne se fait pas [1]. L'État de l'Ohio, par exemple, envoie dix-neuf députés au Congrès. Les électeurs y sont divisés en deux partis, selon la nécessité imposée par le système. La majorité, avec 254,000 votes, a obtenu 16 députés. La mi-

1. Ce tableau est joint au mémoire de M. Simon Stern.

norité, avec 211,090 votes, a obtenu..... trois députés. Le manque de justice est certes fort apparent. La ville de New-York donne 114,000 votes. La majorité seule obtient tous les députés au Congrès, et presque toute la législature. Il y a pourtant une minorité de 33,500 votes. Il y a donc à New-York 33,500 électeurs qui n'ont pas plus d'inflence sur la direction des affaires du pays que s'ils étaient privés du droit d'élire.

Si nous considérons l'ensemble des élections américaines, nous constaterons qu'un déplacement de cinq pour cent des votes, dans la lutte actuelle des partis, changerait toutes les affaires. Le parti dominant aujourd'hui, voyant que son pouvoir repose sur une base si frêle, ne ferait-il pas une œuvre de sagesse et de prévoyance, en renonçant à la lutte systématique de deux partis exclusifs, et en profitant de ce qu'il a maintenant le pouvcir en mains pour introduire des institutions qui, lors d'un revirement politique, qu'il faut toujours prévoir, lui assureraient au moins la conservation de sa juste part d'influence.

Nous réclamons un système d'élections fondé sur le principe que des électeurs, dont le nombre est suffisant pour répondre à un député (ce nombre, pour l'État de New-York, est d'environ 2,500), aient la certitude d'obtenir un représentant. Ce principe seul assure la vérité de la représentation. Il rend toute liberté aux électeurs, en sorte qu'il n'impose rien. Les intérêts territoriaux ne seront nullement exclus; seulement, ils ne s'imposeront plus comme aujourd'hui; ils seront représentés, si les électeurs le veulent. Or, la représentation des personnes, et non des choses, est la base de notre état politique.

On objecte au système de M. Hare qu'il est beaucoup plus compliqué que le système actuel. Cette seule raison ne suffirait pas pour le rejeter. Une diligence était plus simple qu'un convoi de chemin de fer. Une loi draconienne punissant tous les crimes de la même peine serait bien plus simple que nos codes. Nous n'avons pas craint de compliquer nos lois pour nous rapprocher de la réalisation de la justice. Il ne faudrait pas craindre de compliquer un peu nos procédés électoraux pour nous approcher de la vérité de la représentation. Il est, du reste, possible de réaliser la représentation vraie par des procédés plus simples que ceux de l'éminent publiciste anglais, et l'on pourra réaliser le principe nouveau, sans rencontrer aucune difficulté pratique. Il suffit de rompre les chaînes de l'habitude et l'esclavage de la routine, pour reconnaître les avantages immenses et le caractère pratique de la réforme que nous proposons.

Si l'Amérique avait possédé une représentation vraie, un système laissant le mouvement de l'opinion publique se manifester librement dans la composition des corps politiques, elle aurait évité peut-être l'effroyable secousse qui vient de la déchirer. Le nombre des députés anti-esclavagistes aurait grossi régulièrement, progressivement, comme une marée qui monte, et à laquelle on voit bien qu'on ne saurait résister. Les hommes du Sud auraient compris le sens du mouvement et fini par l'accepter; mais notre système a pour essence de favoriser les secousses violentes et les brusques passages d'un extrême à un autre.

Notre système actuel d'élections est donc injuste en théorie ; en pratique il engendre des fruits amers. Nous demandons l'introduction d'un système juste, dont nous avons le droit d'espérer des résultats bienfaisants. Ne laissons pas plus longtemps imputer aux institutions républicaines, et à la démocratie des maux qui sont le produit d'un système faux. Que disent, en Angleterre et sur le continent, les partisans des gouvernements aristocratiques? Ils disent que le jeu des institutions américaines expulse de la vie politique les hommes les plus intelligents du pays, ceux qui pourraient avec le plus d'avantage siéger dans les législatures. Le fait est exact; mais ce n'est pas la république qui en est la cause, c'est le système vicieux des élections. La réforme que nous demandons renferme le remède au mal, puisqu'elle ne permettra pas qu'aucune des classes du peuple se trouve exclue de la représentation de tous. Nous sollicitons donc avec instance cette réforme, non-seulement dans l'intérêt de l'Etat de New-York, mais dans l'intérêt du développement des idées libérales dans le monde entier.

Résumé des Arguments en faveur de la Réforme électorale, présentés au Sénat des États-Unis par M. Buckalew, de Pensylvanie. — *11 juillet 1867.*

Les élections du Congrès américain se faisaient autrefois au scrutin de liste, chaque Etat formant un collége. Il arrivait que la liste d'un parti passait toute entière, de manière que, dans l'Etat de New-York, par exemple, un parti possédant une majorité de 500 voix seulement, obtenait tous les députés, tandis qu'une minorité presque égale à la moitié des électeurs n'avait pas un seul représentant. Cette injustice excessive et notoire causa un vif mécontentement, et une loi nouvelle décida que les membres du Congrès seraient élus par des colléges n'ayant à désigner chacun qu'un seul député. On espérait ainsi détruire l'injustice dont on avait souffert, en offrant, par la division des colléges, une chance à chaque opinion de triompher quelque part.

Ce changement fut un progrès, mais la racine du mal ne

fut point coupée. Dans chaque collége, le principe de la majorité subsista; dans chaque collége les électeurs restés en minorité furent censés représentés par l'homme choisi par leurs adversaires. Il y eut encore du mécontentement, et le Congrès fut frappé d'impopularité parce qu'on sentait bien qu'il ne représentait pas véritablement la nation. C'est en effet une chose injuste et dure qu'une grande partie du peuple américain n'ait aucun moyen de faire entendre sa voix dans un corps qui est considéré comme devant renfermer les représentants de tous. Il résulta de cet état de choses des débats affligeants entre les citoyens, des disputes et des coups. Le brisement du corps électoral en autant de colléges qu'il y avait de députés à élire, avait été une amélioration, mais une amélioration insuffisante, un simple palliatif, et non un remède. Le mal reste assez grand pour exciter les alarmes de tous les honnêtes gens préoccupés du bien du pays.

On dit que la diversité des colléges, offrant des chances diverses aux partis, il en résulte une sorte de juste équilibre, puisque le parti battu ici est victorieux là. On peut contester que des injustices qui se balancent constituent une justice véritable. Il n'y a pas d'ailleurs une pleine identité de vues, dans le même parti, entre les électeurs des divers colléges. La minorité restée sans représentants en Pensylvanie peut n'être pas entièrement satisfaite parce que son parti a obtenu tous les députés dans le Kentucky. Mais surtout, cet équilibre dont on parle ne s'établit pas en réalité; pour s'en convaincre, il suffit de consulter les faits. Dans les dernières élections du Congrès américain, 2,000,000 d'électeurs ont obtenu 128 députés; tandis que 1,600,000 électeurs n'en ont obtenu que 30. Où est l'équilibre? En Pensylvanie, on trouve, en faisant l'addition des suffrages dans les divers colléges, 303,790 républicains et 292,351 démocrates. Les nombres sont presque égaux. Comme il y a 24 députés, un parti aurait dû en avoir 13 et l'autre 11. En fait, l'un en a obtenu 18 et l'autre 6. Où est l'équilibre? Dans le Kentucky, il y a neuf députés ; tous les 9 appartiennent au même parti, et cependant l'autre parti, proportionnellement au nombre de ses adhérents, aurait dû en obtenir au moins 3. Il en est de même dans le Maryland ; il en est de même partout. Regardez au Nord, au Midi, au centre, partout vous trouverez la représentation manifestement faussée, malgré la division du pays en autant de colléges qu'il y a de députés.

Tels sont les faits. Le fondement proclamé de notre droit public est cependant le gouvernement du peuple par lui-même. Comment dire que le peuple se gouverne par lui-même, lorsque la moitié du peuple peut se trouver sans voix et sans influence dans le conseil de la nation ?

M. Buckalew, estimant que l'adoption du système du quotient électoral, souffrirait des difficultés, propose le système du cumul des votes, moyen terme qui empêcherait le triomphe absolu des majorités et assurerait des représentants à toute opinion ayant un nombre un peu considérable d'adhérents.

La réforme proposée se justifie à la raison parce qu'elle est juste. Elle ranimera la politique, en ramenant aux affaires bien des hommes découragés qui se retirent de la vie publique devant les exigences du système des majorités. La confiance d'un groupe de citoyens pourra maintenir longtemps les mêmes hommes dans la législature, et nous permettra d'avoir des hommes d'état, car on ne devient un véritable homme d'état que par l'expérience d'une longue pratique, et le déplacement des majorités introduit dans le personnel de la législature une mobilité très-préjudiciable.

La division des États qui, maintenant, appartiennent politiquement à un parti ou l'autre, excite entre eux des haines dont la source sera tarie lorsque, dans chaque État, toutes les opinions seront représentées.

Dans l'état actuel des choses, l'intérêt des partis pèse sur les députés et gêne les délibérations, en sorte que les lois se font mal. Notre système électoral dégrade la législature et corrompt le peuple.

La réforme a une importance particulière pour les États du Sud. Là, il y a deux races en présence et un antagonisme violent. La formation de deux partis électoraux, dont l'un doit exclure l'autre, ne saurait produire, dans de telles circonstances, que des batteries, des luttes sanglantes et un désordre dans le corps social tout entier. Supposez, au contraire, que dans la Géorgie par exemple, qui a sept députés à élire, un parti ne puisse pas exclure l'autre, mais que tous soient certains d'être équitablement représentés, la justice amènera la paix.

On ne doit pas méconnaître enfin que la nécessité d'obtenir la majorité est la source principale des fraudes et de la corruption. Dès qu'un parti use de ces mauvais moyens, l'autre en use aussi, à titre de représailles. La représentation juste purifiera l'atmosphère politique.

Il faudra sans doute revenir sur ce sujet; mais la cause de la réforme triomphera inévitablement tôt ou tard. La réforme est plus facile à accomplir en Amérique qu'en Angleterre, où les habitudes anciennes ont beaucoup plus de puissance. En Angleterre pourtant, cette cause a été soutenue avec beaucoup de vigueur par des publicistes célèbres appartenant à des partis politiques opposés. L'autorité d'hommes éminents s'ajoute au poids de la raison pour recommander une réforme utile et vitale de notre système politique.

Il y avait huit ans que la loi Andrœ fonctionnait en Danemark, lorsque M. Lytton, secrétaire de la légation anglaise à Copenhague, adressa sur cet objet un rapport à son gouvernement, en réponse à des circulaires de lord Clarendon et de lord Russell. Ce document précieux [1] nous fournit les indications suivantes :

Le Danemark, avant 1830, avait un gouvernement purement monarchique et absolu. Après 1830, sous l'influence de la révolution française, le roi Frédéric VI établit des États consultatifs. En 1849, sous l'influence des événements français de 1848, l'élément représentatif fut considérablement augmenté par l'introduction du suffrage dit universel et du vote direct. Le système des majorités électorales régnait comme partout. M. Andrœ, mathématicien distingué, devenu ministre des finances, et qui a été président du conseil des ministres, reconnut les vices de ce système. Le mathématicien constata une erreur d'arithmétique dans le fait d'opérer une division en deux, là où il fallait une règle de proportion. L'homme d'état constata que cette erreur d'arithmétique se traduisait en une injustice sociale pleine de conséquences désastreuses. La réorganisation du Rigsraad, Conseil législatif suprême du royaume, lui offrit l'occasion de mettre en pratique la réforme qu'il avait méditée. Il introduisit dans la loi pour l'élection de ce corps le principe du quotient électoral, réalisé dans une pratique très-semblable à celle que M. Hare a découverte de son côté, et proposée au public européen. Voilà donc pour la réforme une base d'expérience. Le système nouveau a été appliqué en Danemark depuis 1855, et il l'est encore aujourd'hui. Quels sont les résultats de l'expérience? — Les brigues électorales exis-

1. Voir la brochure indiquée ci-dessus au bas de la page 22.

tent peu ou point Les électeurs paraissent apporter plus d'intelligence et de dignité à l'exercice de leurs fonctions. Le pouvoir des démagogues locaux est abaissé au profit des influences sociales réelles et légitimes. La loi a pour effet de multiplier dans la représentation les hommes cultivés et d'un caractère indépendant. Elle favorise le pouvoir de l'intelligence, sans porter atteinte à l'influence légitime de la propriété. — Voilà, ce qui est; ou, pour parler plus exactement, et avec une entière prudence, voilà ce que pensent les partisans de la loi nouvelle. En effet, la question des résultats politiques et sociaux de la loi n'est pas résolue, et ne peut l'être encore, par les raisons que voici :

L'application du principe a été faite, par la force des circonstances, d'une manière si partielle, qu'on ne peut porter un jugement certain sur ses effets ; la base d'expérience est trop étroite. La monarchie danoise, en 1855, était composée de divers États, ayant des constitutions différentes : c'était une confédération monarchique. Le Rigsraad est le corps législatif de la monarchie toute entière ; il est analogue, par sa position, au Conseil national suisse. Or, les Conseils du Danemark proprement dit, nommés le Rigsdag, continuaient à être élus sous le régime des majorités. De plus, dans le Rigsraad, composé de quatre-vingts membres, vingt étaient élus par la couronne, trente par les États provinciaux; il n'en restait que trente à l'élection populaire directe. C'est à ces trente membres seulement, d'un corps politique dont les réunions ne sont pas fréquentes, que le principe nouveau était appliqué. De plus, la loi nouvelle était contenue dans une Constitution très-impopulaire dans son ensemble. La guerre est venue enfin, qui a démembré le royaume et détourné l'attention des réformes intérieures et de leurs conséquences. Le germe nouveau s'est donc trouvé planté dans un terrain étroit, et son développement a été gêné de toutes parts. C'est pourquoi l'expérience du Danemark ne permet pas à un esprit prudent de prononcer, au nom de faits bien constatés, sur les résultats politiques et sociaux de la réforme. Pas de découragement, Messieurs ! car, malgré ce fait regrettable, un résultat immense a été obtenu. Quels sont les effets politiques et sociaux du nouveau système ? C'est une question. Il manque encore une base de fait assez large pour prononcer expérimentalement. Mais il y a une autre question. Le système nouveau est-il susceptible d'être pratiqué ? On nous dit : non. Nos adversaires, en disant non, parlent d'une manière purement théorique. Nous disons : oui, et nous en appelons au fait. C'est la capitale importance de l'expérience faite en Danemark. On demande, dit M. Lytton, si le nouveau système peut être appliqué ? Je réponds : il est pratiqué depuis huit ans, sans l'apparence d'une difficulté, sans que rien ait entravé sa marche. Il est pratiqué, donc il est praticable ; il est réalisé, donc il est réalisable. Y a-t-il quelque chose à répondre ?

Voilà un point, et un grand point, acquis au débat. Ce n'est pas tout : Nous avons, au sujet de la réforme, l'opinion d'un témoin étranger au pays où elle est introduite. Je n'ai pas l'avantage de connaître M. Lytton ; mais on ne s'aventure pas, après la lecture de son rapport, en disant que c'est un homme d'une intelligence claire, fine et très-cultivée, un esprit sagace, retenu dans ses jugement, enfin un diplomate prudent qui ne s'expose pas à adresser à son gouvernement des renseignements pris à la légère. C'est donc un bon témoin. Il a entendu discuter le *système Andrœ*, là où il est mis en pratique, et il s'est formé une opinion. Quel est son témoignage, et quelle est son opinion ? Entendons-le d'abord sur les faits.

J'ai, dit-il, beaucoup entendu attaquer et railler le système, mais je n'ai pas découvert de fondement sérieux à ces attaques. J'ai entendu traiter la loi Andrœ de *ridicule ;* mais, malgré mes questions réitérées, je n'ai pu savoir en vertu de quelles considérations on lui appliquait cette épithète. J'ai entendu dire que cette loi était *inintelligible,* mais par des gens qui n'avaient nullement appliqué leur intelligence à la comprendre. J'ai entendu dire que la loi était *impraticable ;* et cette assertion m'a paru suffisamment réfutée par le fait qu'elle est pratiquée depuis huit ans, sans que l'usage ait révélé aucune difficulté quelconque dans son mécanisme. J'ai rencontré, dans une publication des adversaires de la réforme, une objection grave, fondée sur des calculs ; en l'examinant de près, j'ai vu que l'objection était spécieuse seulement, et sans aucune portée pratique quelconque. M. Andrœ, du reste, a sujet de se féliciter de l'ineptie complète de beaucoup de ses adversaires qui vont vociférant contre la réforme sans comprendre, ni être capables, semble-t-il, de comprendre de quoi il s'agit. Le vrai fond de l'opposition à la loi nouvelle est dans l'idée du pouvoir des majorités. On veut maintenir le bon vieux dicton :

Qui a le pouvoir, le garde !
Qui veut le pouvoir, tâche de le prendre !

La pratique de la loi n'a soulevé aucune objection nouvelle. Les adversaires de M. Andrœ *dénigrent* la réforme, mais ne la *critiquent* pas : tel est le témoignage de M. Lytton. Voici maintenant son opinion :

La lutte de deux partis en présence est, au fond, un élément de barbarie. La civilisation tend à produire, par son développement naturel, une variété croissante de vues, d'intérêts, d'idées Cette variété féconde est refoulée par le groupement forcé des électeurs en deux partis seulement. La réforme établie par M. Andrœ, et proposée par M. Hare, est donc essentiellement civilisatrice. Dans le système actuel. les électeurs, nécessairement enrégimentés pour faire une majorité, n'obtiennent le triomphe sur le parti opposé qu'en payant ce triomphe du prix de leur propre servitude. Les deux partis sont groupés autour des programmes de leurs chefs. Tout candidat doit accepter un programme ou l'autre, et le voilà lié, et souvent la bouche fermée. Toutes les grandes mesures politiques sont décidées d'avance ; les délibérations des conseils ne sont pas véritablement sérieuses ; les discours s'adressent aux passions du public et non à l'intelligence des représentants, dont le vote est sorti en quelque sorte de l'urne électorale. Enfin, le système actuel, en faussant la véritable représentation de la majorité, permet qu'il s'établisse un désaccord fatal entre la nation et les corps politiques qui, nés de la lutte des partis, ne représentent pas véritablement l'esprit général du peuple.

En présence de ces faits, placez les prévisions légitimes du résultat de la réforme. Quelle est l'intention de la loi nouvelle ? Soustraire les électeurs à la domination des chefs de partis ; augmenter le sentiment de la responsabilité individuelle dans l'action de chaque citoyen sur les affaires publiques ; remettre la conscience de chaque électeur sous sa propre garde, en la retirant des mains de *meneurs* qui respectent peu la conscience des individus ; tel est le but poursuivi. Un choix libre et réfléchi, un véritable vote de confiance est un acte qui relève la dignité de l'électeur ; et la loi qui lui prescrit cet acte est moralement bienfaisante. Le corps électoral, en s'élevant progressivement à un plus haut niveau d'intelligence et de moralité, élèvera par là même la valeur du corps représentatif. Les chaînes de deux partis exclusifs étant brisées, les députés deviendront libres dans l'expression de leurs pensées, et les délibératious deviendront sérieuses. Enfin, l'accord entre le corps électoral et le corps politique sera établi ; la nation sera véritablement représentée, et une représentation vraie sera forte et respectée. Le Long Parlement n'aurait pas été balayé par un geste de Cromwel, si la pensée et la volonté de l'Angleterre, si la tête et le cœur de la nation avaient été dans ce corps.

Telles sont, Messieurs, les pensées que j'ai recueillies dans le rapport de M. Lytton. Un homme de cabinet, seul avec ses idées, peut former des plans chimériques qui se brisent comme du verre, au premier contact des réalités. Vous avez ici, à l'occasion des expériences du Danemark, l'opinion d'un diplomate qui rédige un rapport sur la demande de ministres d'Etat, et ce rapport est, à mon sens, un des meilleurs plaidoyers en faveur de notre cause. Je vous exhorte fort à en prendre une complète connaissance.

2° Sydney.

La colonie de la Nouvelle-Galles du Sud est organisée en État parlementaire, sur le modèle de l'Angleterre. Elle possède une Chambre haute, dont les membres sont nommés par le gouverneur, et une Chambre basse, qui procède de l'élection populaire. En 1862, il fut proposé de faire nommer la Chambre haute par le suffrage des citoyens, et d'adopter pour ces élections le système de M. Hare, soit du quotient électoral. Le 18 juin, l'affaire fut renvoyée à une commission qui rapporta le 21 août. Le rapport renferme une exposition brève et parfaitement lucide du nouveau système. La Commission déclare qu'elle a accordé à ce plan l'attention la plus sérieuse ; que la nouveauté de l'idée ne lui paraît point un motif pour la rejeter ; que la représentation de tous les électeurs est une justice rendue aux minorités qui laisse subsister dans sa plénitude le droit des majorités, enfin que le système nouveau paraît très-simple, dès qu'on veut bien prendre la peine de l'étudier. Ce rapport est devenu la base d'une longue et sérieuse discussion qui s'est prolongée pendant trois séances, le 4 septembre, le 17 septembre et le 13 novembre. J'en résume quelques parties.

M. Holden, dès qu'il a eu connaissance du nouveau système électoral, a été frappé par un trait de vive lumière. Il a trouvé là la solution du problème de la représentation vraie. Le système représentatif est l'avenir de la civilisation du monde, dans l'ordre politique; mais, avec les élections par les majorités, nous ne possédons que le nom du système représentatif; sa réalité nous échappe. La liberté des électeurs se trouvant supprimée par la nécessité de choisir entre deux partis exclusifs seuls en présence, les meneurs de ces partis agissent comme une véritable aristocratie ; tout le pouvoir passe en leurs mains. Rétablissez la liberté électorale, le choix des représentants dépendra de la confiance personnelle inspirée par les candidats ; vous tarirez, autant qu'il est possible, les sources auxquelles s'alimentent les mauvaises manœuvres et la corruption. Si les fondateurs des Etats-Unis d'Amérique avaient connu l'idée nouvelle, si grande et si féconde dans son extrême simplicité, les mauvais effets du régime démocratique auraient été prévenus. Un des plus précieux avantages du système nouveau est d'assurer une place dans les corps politiques aux représentants des minorités intelligentes, d'opposer ainsi un contrepoids nécessaire aux entraînements parfois aveugles des majorités, et cela, sans sortir du droit commun, sans créer ni exception, ni privilége, mais par la simple application des règles d'une justice égale pour tous.

M. W. Forster. On attaque le système nouveau, on le dénonce, mais on ne pose pas d'objections sérieuses ; les adversaires manquent d'arguments. La réforme proposée est essentiellement démocratique, puisque, par une innovation heureuse, elle établit enfin le droit de tous. Cette réforme est en même temps essentiellement conservatrice, parce que toute réforme dirigée dans le sens de la justice et de la vérité tend à la conservation de l'ordre social. On redoute de voir arriver au Corps législatif des représentants d'idées particulières, des catholiques-romains, des wesleyens... Que redoute-t-on ici ? Le droit accordé aux électeurs de se faire représenter comme ils l'entendent L'objection qu'on élève revient donc à ceci : le nouveau système accorderait la liberté aux citoyens ! !

M. Lucas appuie la réforme, et émet l'idée d'essayer d'abord le nouveau système sur une échelle réduite, en l'appliquant aux élections municipales [1].

MM. Holt, Hoskins, Morris et Dalgleisch se sont prononcés dans le sens de la réforme, la jugeant bonne, simple et très-facile à entendre. Les opposants, comme l'indique le discours de M. W. Forster, ont montré une résolution arrêtée de repousser la réforme, mais les raisons solides leur ont fait défaut.

M. Wilson a déclaré qu'il ne comprenait pas le nouveau système.

M. Love a dit qu'il ne trouvait pas opportun d'entrer en

1. Cette même idée, très-digne d'une sérieuse attention, a été émise par M. Rivoire, dans le Conseil de l'*Association réformiste*. Les élections du Conseil municipal de Genève sont réglées par la loi seule, non par la Constitution. On pourrait donc leur appliquer la réforme, à titre d'essai, par une simple résolution du Grand Conseil, et sans avoir besoin d'un vote du Conseil général.

discussion sur des idées impopulaires et impossibles à réaliser.

M. R. Forster ne comprend pas. Il suppose que la réforme demandée peut être belle en théorie, mais elle est impraticable.

M. Stewart affirme que le nouveau système est impraticable, et que le système actuel est ce qu'il y a de mieux.

Après une longue discussion, la question de passer en second débat a été posée. La Chambre comptait 44 membres présents (il y en a 54 en tout). Le second débat a été décidé par 24 voix contre 20. Sur ces entrefaites, un changement de ministère a eu lieu, et le bill dans son ensemble a été retiré. La chose n'a pas eu d'autres suites jusqu'ici, du moins à ma connaissance. Mais le vote de la majorité du parlement de Sydney, arrêté dans ses conséquences naturelles par un incident tout à fait étranger au débat, constiue toutefois une décision législative,

3° L'Angleterre.

Le 30 juillet 1867, la Chambre des lords d'Angleterre a décidé que désormais, dans les colléges ayant trois députés à élire, chaque électeur n'inscrirait que deux noms sur son bulletin [1]. C'est le système des *listes incomplètes*, indiqué, à Genève, par M. Carteret, en 1862. L'effet de ce système est d'assurer à la minorité d'un collége un député sur trois. Cette décision a été prise, malgré l'opposition du gouverne-

1. Voici le texte de la décision : « At a contested election for any county or borough represented by three members, no person shall vote for more than two candidates. At a contested election for the city of London, no person shall vote for more than three candidates.

ment, par une majorité de 142 voix contre 51. La Chambre des communes s'y est rangée par une majorité de 275 voix contre 204. La décision figure donc au nombre des mesures législatives adoptées par le parlement d'Angleterre ; c'est un fait accompli.

Si vous considérez la mesure en elle-même et matérielle ment, si je puis ainsi parler, elle vous semblera d'une bien minime importance. Elle ne concerne en effet que douze colléges, et le procédé en lui-même n'est pas bon, nous l'avons indiqué déjà [1]. Son défaut principal est de laisser en présence deux partis électoraux seulement. Si le résultat de la mesure ne devait être que de donner douze députés de plus, dans un parlement de plus de 600 membres, à l'un des partis qui se divisent l'Angleterre, le fait n'aurait certainement qu'une valeur médiocre. Comment se fait-il donc que la décision de la Chambre des lords ait fixé l'attention de toute l'Europe, et produit une profonde impression sur les publicistes du continent ? Le voici : L'importance d'une mesure législative ne dépend pas seulement de son contenu immédiat, mais de l'esprit qu'elle manifeste, du principe qu'elle renferme, et des circonstances qui déterminent son sens et sa portée. Placez-vous à ce point de vue, et les publicistes européens s'y sont placés, soit avec réflexion, soit par une sorte d'instinct, vous comprendrez la souveraine importance de la décision des lords. Tout se réduit à ces simples termes : *Ils ont proclamé le principe nouveau.*

Comment la question se présentait-elle ? M. Stuart Mill venait de plaider, à la Chambre des communes, la cause de la représentation personnelle et de sa pleine application dans le système du quotient électoral. Lord Cranborne, sans

1. Réforme du système électoral (1865), page 21.

accepter le principe dans sa plénitude, en concédait pourtant l'application partielle... Il avait dit [1] : « Je ne crois pas que » la Chambre des communes, dans sa totalité, soit jamais élue » d'après les principes auxquels l'honorable membre (M. Mill) » a donné un corps dans son amendement. Mais si, comme » il le craint, les hommes qui ne voudraient pas accepter le » joug des chefs de partis locaux se trouvaient exclus de la » Chambre des communes, dans un certain nombre de cas, » on pourrait accorder aux électeurs la facilité de don- » ner leurs suffrages à des représentants qui ne seraient plus » *locaux*, mais *nationaux*. » La représentation personnelle et libre, telle était la cause défendue par M. Stuart Mill (qu'on qualifie de radical), et à laquelle lord Cranborne (qu'on désigne comme un tory de la vieille roche) faisait une concession très-importante. Quelle était la thèse des opposants? Il faut maintenir la lutte des électeurs dans des circonscriptions locales, sous la loi exclusive de la majorité. « Il n'im- » porte pas à la Chambre des communes d'avoir dans son » sein des célébrités, disait M. Serjeant Gaselee, mais des » hommes pratiques choisis dans *les localités*. — Le sys- » tème opposé peut être bon en théorie; en pratique, il est » tout à fait absurde [2]. » Le *Times* du 1er juin traite avec un dédain superbe la conception d'une assemblée où seraient représentées des *opinions*, et qui deviendrait, dit-il, « une Babel, un Liliput, un chaos et rien d'autre. » Qu'oppose-t-il à cette Babel? La majestueuse unité d'une Chambre provenant de corps *électoraux locaux*, l'élu de chaque majorité locale étant censé le représentant du peuple britannique. C'est ainsi que la question était nettement posée entre les

1. *Times* du 31 mai 1867.
2. *Times* du 31 mai 1867,

partisans de la représentation personnelle des électeurs, réunis par la communauté de leurs opinions, et les partisans de la représentation de circonscriptions locales, envoyant des députés choisis par la seule majorité. Quel est maintenant le sens de la décision des lords? Elle renferme deux principes :

1° Ce ne sont pas les localités qui sont représentées comme des unités collectives, mais les électeurs. Le choix des représentants est la délégation d'un pouvoir personnel.

2° Un groupe d'électeurs d'une certaine importance a le droit d'être représenté, bien qu'il soit une minorité.

La mesure adoptée par le Parlement renferme très-clairement et proclame ces deux principes. Elle ouvre ainsi la porte aux idées déclarées absurdes en pratique par M. Serjeant Gaselee, et sur lesquelles le *Times* avait décoché tous les traits de son ironie. Le principe nouveau a donc été proclamé en connaissance de cause, et après des débats de la Chambre des communes qui avaient mis la question en bonne lumière.

Entrons maintenant dans l'examen de la discussion des lords [1]; nous comprendrons mieux encore l'importance de ce qui vient de se passer. La proposition de la représentation des minorités est faite par lord Cairns, qui l'appuie sur les considérations suivantes : L'exclusion de groupes considérables d'électeurs de toute part à la représentation constitue une flagrante injustice; c'est le renversement même du système représentatif. Cette injustice produit des conséquences funestes. Le Parlement se trouve privé des lumières qui résultent de l'exposition et de la discussion de vues différentes; il se trouve privé des hommes indépendants qui re-

1. On en trouve un résumé dans le *Journal de Genève*, 16 et 20 août 1867.

fusent de se plier aux caprices populaires pour obtenir une majorité de voix; la crainte de compromettre une réélection pèse enfin d'une manière fâcheuse sur la liberté des représentants, et gêne trop souvent la libre manifestation de leur pensée. Le Parlement souffre; les électeurs ne souffrent pas moins. Les minorités exclues sont aigries, et leur mécontement se tourne en hostilité ou en indifférence. La nécessité de vaincre dans un combat dont l'issue est tout ou rien, amène l'acharnement de la lutte et provoque l'emploi de la corruption. Laissez au contraire chacun obtenir sa part légitime d'influence, chaque parti reconnaîtra aux autres le droit d'être représenté, et, avec la représentation vraie, on obtiendra la paix et les bons sentiments qui résultent d'un état de choses fondé sur la justice.

Tels ont été les arguments de lord Cairns. La proposition a été appuyée par des orateurs appartenant aux partis les plus opposés. Qu'ont-ils dit? — Les institutions d'Angleterre ont toujours eu pour effet de donner *à toutes les idées et à tous les intérêts* une voix dans la représentation nationale. Ce résultat a été obtenu jusqu'ici par une organisation très-compliquée, legs des temps passés, qui ne saurait durer longtemps encore. Si on ne prévoit pas, et si on ne prévient pas les conséquences du mouvement actuel des esprits, l'Angleterre arrivera, comme d'autres États, à la représentation exclusive des majorités, et à toutes ses fâcheuses conséquences. La majorité a le droit de *décider*, mais elle n'a pas le droit d'être *seule représentée*, et de réduire les minorités au silence. Il faut parer à cette éventualité menaçante en assurant, par un système nouveau, la juste et certaine représentation de toutes les classes du peuple.

Il est une démocratie révolutionnaire et despotique qui se détruit elle-même par ses propres excès. C'est celle dont il faut se préserver. Il est une autre démocratie, la vraie démocratie représentative, qui laisse la nation entière, et non une majorité, exercer son influence sur les affaires publiques; c'est celle dont il faut accueillir et régulariser le développement. En même temps qu'elle étend le droit de suffrage, et ouvre ainsi une porte plus large dans ses institutions à l'élément démocratique, l'Angleterre, si elle veut assurer son avenir, doit inscrire dans ses institutions le principe fondamental du droit des minorités à être représentées dans le Parlement.

Tels sont, en substance, les arguments qui ont convaincu les lords d'Angleterre, et les ont conduits, malgré l'opposition du Gouvernement, qui ne voulait pas de la *nouveauté* proposée, à adopter, à une majorité considérable, la proposition de lord Cairns.

Maintenant, — veuillez, Messieurs, vous rendre attentifs à cette considération — Il y a une grande disproportion entre les considérants qui ont provoqué la mesure et la mesure elle-même. Quelle cause a-t-on plaidée? Celle d'une part faite à *la* minorité, dans la lutte de deux partis? (C'est l'effet pratique de la décision.) Nullement. On a plaidé la cause de la part faite à *toutes* les minorités qui ont assez d'importance pour pouvoir être représentées. On a demandé un système donnant une part dans les affaires publiques à toutes les classes, à tous les intérêts, à toutes les idées. Pesez les arguments de lord Cairns, et ceux des orateurs qui l'ont appuyé. Il n'en est pas un seul dont la conséquence directe, évidente, ne soit l'adoption de notre principe, du principe défendu par M. Mill à la Chambre des Communes. Prenons un seul exemple de détail.

Lord Russell a demandé : Est-il juste et sage que sur 20,000 électeurs, 8,000 restent sans représentants, sans influence sur les affaires publiques, et sans voix dans le Parlement national, parce que 12.000 ont voté avec ensemble ? L'argument est frappant. Quelle est sa base ? L'idée que la représentation est un droit personnel et que les électeurs sont égaux. Cela étant admis, demandez : Est-il juste et sage que s'il existe dans un Corps électoral 3, 4, 5 groupes d'électeurs désirant des représentants spéciaux, ils soient jetés de force dans les cadres de deux partis seulement ? Cela n'est ni juste, ni sage. Dès que la raison applique à l'idée de la représentation les notions du juste et du vrai, elle est conduite fatalement (fatalité heureuse !) à chercher la représentation égale de tous les électeurs, dans les limites fixées par la nature même des choses

C'est ainsi que, dans une mesure législative partielle, les lords d'Angleterre ont proclamé et appliqué le principe nouveau ; là est la grandeur de leur œuvre. Plusieurs orateurs ont clairement dit que la mesure adoptée était un germe, un commencement ; et quand ils ne l'auraient pas dit, le contraste entre les arguments invoqués et la décision prise le révèle avec une entière évidence à tout esprit attentif. Nous pouvons donc répéter les paroles du *Journal de Genève* et dire avec lui [1] : « Le Parlement britannique vient de poser » dans la Constitution un principe destiné à avoir une im- » mense portée dans l'avenir. » C'est en effet le germe d'une rénovation de l'ordre politique dans le monde entier. Aussi, la date du 30 juillet 1867 pourra rester mémorable à bon droit, dans l'histoire du système représentatif. Ce jour-là, on a fait appel pour justifier une grande mesure politique, non-seulement aux intérêts de l'Angleterre, mais aux lois éternelles de la vérité et de la justice, aux intérêts du

1. Numéro du 20 août 1867.

progrès régulier, légal et pacifique des peuples. Si cet esprit se répand et se manifeste par les réformes qui sont ses conséquences naturelles, on pourra dire que, le 30 juillet 1867, les lords d'Angleterre n'ont pas fait preuve seulement de l'esprit de prudence pratique qu'on reconnaît à leur nation, mais qu'ils ont rendu un vrai service à l'humanité.

CONCLUSION

Je viens de vous parler, Messieurs, de l'Europe, de l'Amérique, et même de l'Australie. Vous ne m'accuserez pas d'avoir, en vous faisant ainsi parcourir le monde, négligé nos propres affaires. Vous l'avez tous senti et compris. Les faits que nous avons passés en revue sont destinés à exercer une grande influence sur notre pays. Quels sont, en effet, les obstacles qui retardent le plein essor de notre œuvre, et ajournent un succès dont nous ne voulons pas douter un seul instant? Il en est deux entre autres. On redoute la nouveauté de nos vues, et on décrie nos plans comme l'œuvre de purs théoriciens, d'hommes de cabinet étrangers à la pratique des affaires.

L'effet produit par la nouveauté des idées a été symbolisé par Lafontaine :

> Le premier qui vit un chameau
> S'enfuit à cet objet nouveau.

Les idées les meilleures et les plus justes, lorsqu'elles se présentent pour la première fois, deviennent souvent des chameaux, et on les fuit. Il est loin de notre pensée de blâmer la prudence qui, dans les matières sociales surtout, redoute les innovations précipitées. La témérité n'est pas le moyen de réaliser des progrès sérieux. Mais si on fuit les idées, au lieu de les examiner, tout progrès sera arrêté dans sa source. Ecoutez encore le fabuliste :

> L'accoutumance ainsi nous rend tout familier ;
> Ce qui nous paraissait terrible et singulier
> S'apprivoise avec notre vue
> Quand ce vient à la continue.

L'accoutumance, voilà ce qu'il faut à nombre d'esprits pour qu'ils consentent à examiner sérieusement des pensées nouvelles ; et comme nos plans de réforme ont tout à gagner à l'examen, l'accoutumance ne peut que leur être favorable. A force de persévérance, et nous n'en manquons pas, nous aurions bien fini par habituer nos compatriotes à nos projets, et nous aurions ainsi enlevé à nos idées leur caractère de *chameaux*. Mais quelle aide puissante nous recevons ici de l'étranger ! La réforme que nous demandons est connue, très-connue. On s'occupe en Suisse des moyens d'établir la vérité de la représentation. On s'en occupe en Amérique. On a réalisé le principe nouveau en Danemark, on vient d'entreprendre sa réalisation en Angleterre. Le caractère de nouveauté étrange disparaît. Au fait que le système des majorités est en vigueur presque partout, nous pouvons opposer maintenant le fait que partout aussi des hommes réfléchis et désintéressés reconnaissent l'erreur de ce système, signalent ses dangers et demandent sa réforme : cela est considérable.

Quant à l'objection fondée sur ce que nos projets sont des conceptions philosophiques, voyez quelle belle et bonne réponse les faits qui se passent dans le monde viennent mettre dans notre bouche! Il est deux nations en Europe qui sont particulièrement portées aux théories : l'Allemagne spéculative et rêveuse, la France essentiellement logicienne. C'est précisément en France et en Allemagne que le mouvement réformiste est le plus en retard. Il est deux peuples connus par leur génie positif et pratique : les Anglais et les Américains. C'est en Angleterre et en Amérique que l'idée réformiste a jeté les plus profondes racines. Les orateurs de la Chambre des lords, qui ont développé les doctrines qui sont les nôtres, ne sont pas des philosophes de profession, et, sans connaître nos confrères de New-York, nous croyons pouvoir affirmer que ce ne sont pas des métaphysiciens. A New-York comme à Genève, les plans de réforme sont sortis, non de spéculations de cabinet, mais du contact avec les réalités, et, si j'ose employer ce terme, des entrailles mêmes de l'expérience. Ainsi la généralité du mouvement réformiste dans le monde vient battre en brèche avec puissance les principaux obstacles que l'œuvre de la réfo rme rencontrait à Genève.

Remarquez enfin combien les faits du dehors viennent confirmer notre affirmation toujours répétée que notre œuvre n'a rien à démêler avec l'esprit de parti, parce qu'elle a seulement pour but d'ouvrir aux partis l'arène d'un combat vraiment loyal. Le personnel de notre association démontrait assez l'impartialité de notre pensée ; mais c'est là une vérité si importante qu'on ne saurait trop la démontrer. Eh ! bien, Messieurs, à l'étranger comme chez nous, la réforme est demandée par des hommes de tous les partis qui laissent de côté les vues qui les divisent pour s'unir dans une pensée de justice. Les réformistes de New-York et les orateurs de la Chambre des lords plaident la même cause et présentent les mêmes arguments. Comme si la chose était faite à dessein pour prévenir tous les soupçons et répondre à toutes les défiances, voici que la plus haute aristocratie de l'Europe et la démocratie la plus démocratique du monde prêtent leur appui à la même œuvre. Cela n'est-il pas clair et concluant?

A nos bonnes raisons se joignent donc maintenant des faits dont l'imposant ensemble ne peut manquer de faire, tôt ou tard, une impression profonde sur l'esprit de nos compatriotes. Répétons-le : Notre œuvre s'avance; elle vient de faire des pas considérables dans le courant de cette année 1867.

Si l'Europe et l'Amérique nous rendent un tel service, les partisans de notre cause, en divers pays, nous informent qu'ils attendent, à leur tour, quelque chose de nous. On nous écrit de Belgique et d'Angleterre que Genève semble placée dans des conditions favorables pour réaliser une réforme du système électoral plus complète qu'on ne peut l'obtenir immédiatement ailleurs, et qu'on espère de nous, sous ce rapport, un salutaire exemple. Nous avons rencontré l'expression des mêmes vœux dans des documents imprimés en Suisse et en France. Cette pensée a toujours été la nôtre; on la trouve exposée dans nos publications antérieures. L'exiguité de notre territoire, l'unité traditionnelle de notre vie politique, l'absence d'institutions enracinées par une longue durée, tout facilite pour nous l'application du principe nouveau, et les malheurs que nous avons eu à déplorer nous invitent à pratiquer les premiers tout le remède, là où le mal qui résulte d'un système faux a atteint ses extrêmes limites.

Poursuivons donc notre œuvre, Messieurs. Elle est bonne, et elle est urgente. Nous pouvons reprendre nos travaux avec une assurance toujours plus ferme, puisque nous voyons notre principe partout proclamé, et avec plus de lumières aussi, puisque nous aurons à faire notre profit des idées spéciales qui ont été émises, en dernier lieu, relativement aux procédés divers au moyen desquels on peut réaliser notre principe : *la vérité de la représentation*.

APPENDICE I

PROGRAMME

de l'Association réformiste de Genève

15 Janvier 1865

Le système électoral employé dans le Canton de Genève pour les élections du Grand Conseil entretient et aggrave les maux dont souffre la république [1].

L'effet inévitable de ce système est de diviser le corps électoral en deux partis seuls en présence. Cette séparation du peuple en deux camps ne répond pas à l'état normal du pays. Elle jette de force un grand nombre de citoyens dans des partis dont, au fond, ils ne partagent pas les principes. Elle opère des divisions arbitraires et des rapprochements forcés. Cela est contraire à la *vérité*.

Les électeurs n'ont le choix qu'entre deux listes, sous peine de perdre leurs voix. Quand ils seraient réunis plus

1. Les députés sont élus au scrutin de liste et à la majorité des suffrages, pourvu que cette majorité ne soit pas inférieure au tiers des votants. Le canton est divisé en trois colléges d'arrondissement. Chaque électeur doit inscrire sur sa liste 19 noms dans un des colléges, 41 dans un autre, 44 dans le troisième. L'immense majorité des électeurs accepte des listes préparées par les agents des partis, souvent sans les lire.

Par l'effet du système, un parti politique qui renfermait près de la moitié des électeurs s'est trouvé, pendant quelque temps, ne pas avoir un seul représentant dans le Grand Conseil.

de mille [1], dans un sentiment unanime, ils n'ont aucun moyen de poser une candidature sérieuse en dehors des deux listes en présence. Il y a là une limite très-abusivement posée à leur *liberté*.

La plupart des électeurs ne connaissent pas la moitié, le tiers des candidats portés sur les longues listes entre lesquelles ils doivent choisir. Leurs prétendus représentants sont souvent pour eux des inconnus. L'élection prend ainsi un caractère dérisoire tout à fait contraire à la *dignité*.

Une minorité renfermant près de la moitié du peuple peut se trouver totalement privée de représentants, ce qui est absolument contraire à la *justice*.

La composition du Grand Conseil dépend principalement, non de la volonté des électeurs qui devrait être sa seule origine, mais des décisions des Comités élertoraux qui préparent les listes. Ces Comités, qui n'ont pas de mandat régulier, constituent ainsi en fait les pouvoirs principaux de l'État, ce qui porte gravement atteinte à la *souveraineté de la nation*.

La division forcée du peuple en deux partis exclusifs, entre lesquels il n'y a plus de place pour les opinions intermédiaires et conciliatrices, accroît et envenime les divisions naturelles du pays. Les deux partis étant à peu près égaux numériquement, un tel état de choses ne peut produire qu'une série de luttes violentes, des alternatives de triomphes et de défaites qui contiennent une menace grave pour la *paix*.

La violence des luttes politiques, incessamment entretenue par les luttes électorales, porte le trouble dans l'administra-

2. Le quotient électoral de Genève, le plus faible du monde probablement, est de 150.

tion. Elle laisse en souffrance les intérêts moraux, intellectuels et matériels, en consumant les forces vives de la nation dans un antagonisme stérile et funeste qui paralyse le développement du *progrès.*

La totalité de la représentation dépendant du déplacement de quelques centaines de voix, la tentation d'employer la violence et la fraude pour créer une majorité factice est extrêmement forte. L'emploi de la violence et de la fraude, dans les élections de Genève, a acquis une notoriété qui compromet au plus haut point l'*honneur de la république.*

Le Grand Conseil peut ne représenter que la majorité du peuple, et non le peuple tout entier. Lorsque ses membres ne sont pas unanimes, la loi et l'impôt sont votés par les représentants, non de la majorité, mais de la majorité de la majorité, qui n'est plus que la minorité. On risque donc d'obtenir avec le système actuel le gouvernement par la minorité, ce qui est le *renversement des principes fondamentaux de l'État.*

Le Grand Conseil vote les lois et les impôts, et élit plusieurs des grands fonctionnaires de la république. C'est lui qui prépare et soumet au vote du peuple les réformes constitutionnelles. Il exerce, par délégation, la plus grande partie de la souveraineté nationale. La vérité de la représentation est donc le fondement de l'ordre politique, et le système électoral est la pierre d'angle d'une démocratie représentative. Le système actuel a été voté en bloc, avec les 158 articles de notre édifice constitutionnel. Il n'a pas attiré l'attention sérieuse et réfléchie des votants.

Par toutes ces considérations, un certain nombre d'électeurs Genevois estiment que la réforme du système électoral tarirait une des sources auxquelles s'alimentent les maux présents du pays. Ils désirent faire partager cette conviction à leurs compatriotes.

Ils ne cherchent dans cette réforme l'avantage d'aucun parti, ayant eux-mêmes des opinions diverses. Ils n'ont en vue que le bien du pays. Ils désirent l'établissement de la souveraineté nationale et des droits des citoyens sur les seules bases de la justice et de la vérité.

Leurs principes pour la réforme électorale sont les suivants :

Représentation de tous; gouvernement de la majorité.

Les électeurs sont égaux. Des citoyens en nombre suffisant pour parvenir à la représentation ont tous le même droit à être représentés.

L'élection des députés doit être une manifestion équitable et paisible de l'état vrai du pays, et non une lutte ayant pour résultat de priver une partie des électeurs de leur droit à la représentation.

Les voix des électeurs doivent se grouper librement, sans qu'aucune barrière arbitrairement placée s'oppose à leur réunion.

Ce n'est que par l'application de ces principes que la majorité du Grand Conseil, dont les décisions ont force de loi, représentera fidèlement la majorité du peuple.

La meilleure des constitutions ne saurait tenir lieu de l'action des principes et des sentiments qui seuls peuvent assurer le bonheur d'un peuple; mais on ne doit pas méconnaître l'influence réelle, en bien ou en mal, de l'organisation politique.

La *vérité* de la représentation peut seule maintenir *les principes fondamentaux de l'État*, en remettant le gouvernement du pays à la vraie majorité.

Elle réclame la *liberté* des électeurs.

Elle rendra aux citoyens leur *dignité*.

Elle réalisera la *justice*.

Elle favorisera la *paix*.

Elle relèvera l'*honneur de la république*.

Elle accroîtra les sources des véritables *progrès sociaux*.

Elle marquera un pas important dans la voie du *progrès politique* par la réalisation sincère et loyale de la *souveraineté de la nation*, dans les formes de la démocratie représentative.

Les citoyens Genevois et les Suisses, électeurs cantonaux à Genève, qui adhèrent a ces vues composent l'ASSOCIATION RÉFORMISTE.

Le but de l'Association est de répandre ses principes en observant scrupuleusement, dans toutes ses manifestations et ses démarches, le respect des lois et des autorités établies.

L'Association étudiera la meilleure réalisation de ses principes en cherchant à accorder, aussi exactement que possible, les exigences de la justice et de la vérité en matière d'élection, avec les exigences de la pratique.

Elle s'interdit toute action collective, publique ou secrète, relative à des candidatures politiques ou à des mesures administratives. Chacun de ses membres reste parfaitement libre sous ce rapport ; mais l'Association, comme telle, poursuit exclusivement une réforme étrangère à toute vue de parti.

Les membres de l'Association feront individuellement leurs efforts pour répandre autour d'eux le respect des droits de tous, qui est le fondement de la vraie liberté, et les sentiments d'une cordiale bienveillance, qui sont la meilleure garantie de la paix.

APPENDICE II

STATUT

de l'Association réformiste de Genève

15 Février 1865

1. L'Association réformiste est une société libre, ayant pour but d'éclairer l'opinion publique sur la nécessité d'une réforme électorale, et d'étudier les principes de cette réforme et leur application pratique.

2. Elle se compose de tous les citoyens suisses, électeurs cantonaux à Genève, qui adhèrent à son programme.

3. Les membres de l'Association ne prennent aucun engagement autre que celui de défendre et de propager, autant qu'ils le pourront, les principes qu'ils acceptent en commun.

4. Chacun est libre, en tout temps, de se retirer de l'Association, et de faire effacer son nom de la liste des membres.

5. Les représentants de l'Association ne seront autorisés, en aucun cas, à faire auprès des autorités constituées des démarches qui engageraient la responsabilité des membres d'une manière collective et solidaire. Notamment, les membres de l'Association pourront présenter des pétitions au Grand Conseil, en usant comme citoyens de la prérogative que leur confère l'article 12 de la Constitution ; mais les re-

présentants de l'Association ne pourront jamais élever la prétention de s'adresser au Grand Conseil comme les mandataires d'un corps constitué, exerçant une action collective.

6. L'Association peut publier des comptes-rendus de ses séances, ou des études relatives aux objets dont elle s'occupe; mais on ne pourra jamais publier sous son nom un journal ou bulletin politique, d'une nature quelconque.

7. Sont interdites dans les assemblées de l'Association :

a) Toute proposition relative à des mesures d'administration publique, à des candidatures politiques, ou à des objets de législation autres que le système électoral ;

b) Toute tentative de déverser le blâme ou le mépris sur les autorités légalement établies dans le canton ;

c) Toute récrimination contre les personnes, les classes de citoyens et les partis ;

d) Toute parole tendant à exciter des passions hostiles, et à provoquer l'antagonisme et la défiance entre les Genevois de divers cultes religieux, ou de diverses opinions politiques.

Les communications relatives à l'Association réformiste doivent être adressées à M. André Alliez, secrétaire du Comité d'administration, quai des Eaux-Vives, 2, à Genève.

APPENDICE III

ÉCRITS PUBLIÉS

PAR

L'ASSOCIATION RÉFORMISTE

DE GENÈVE

La Patrie et les Partis, discours prononcé le 15 février 1865 par le directeur provisoire de l'Association réformiste (M. E. Naville), — suivi du Programme de l'Association et de son Statut. — 50 cent.

Rapport de M. Amberny à l'Assemblée générale du 17 mars 1865, suivi d'une pétition au Grand Conseil pour la réforme des procédés électoraux (épuisé).

Circulaire du Comité d'Administration, du 1er septembre 1865, relative à la réforme des procédés électoraux (épuisé).

Réforme du système électoral, rapport présenté au Conseil de l'Association, le 21 novembre 1865, et discuté dans l'Assemblée générale du 18 décembre 1865. — 50 cent.

Pratique du nouveau système électoral (système pur du quotient), rapport présenté au Conseil de l'Association, le 20 mars 1866. — 30 cent

Pétition au grand conseil pour la réforme électorale : texte de la pétition ; discours et discussions de l'Assemblée générale du 26 novembre 1866. — 30 cent.

La Liste libre, ou la libre concurrence des listes, plan pour la réforme des élections du Grand Conseil, en maintenant les trois collèges actuels. — 20 cent.

Tableau comparatif du système actuel et du système nouveau. — 20 cent.

Exposition et défense du système de la liste libre, suivies d'objections et de réponses. — 1 fr.

La question électorale en Eutope et en Amérique, rapport présenté à l'Association réformiste de Genève, par Ernest Naville, président du Conseil de l'Association. — 1 fr.

DEUXIÈME PARTIE

RAPPORT

SUR L'ÉTAT DE

LA QUESTION ÉLECTORALE

A GENÈVE ET A L'ÉTRANGER

présenté à l'Association réformiste le 23 Décembre 1870

AVERTISSEMENT

Les lecteurs qui aborderaient pour la première fois l'étude de la question électorale comprendront plus facilement quelques détails du rapport et des appendices, en prenant d'abord connaissance des pages 158 à 168 de la troisième partie.

RAPPORT

Messieurs,

Genève a eu l'honneur de marcher trois fois au premier rang, dans l'assaut livré au principe faux des élections actuelles.

En 1842, dans l'Assemblée Constituante, M. Hoffmann, s'inspirant des idées de M. Victor Considérant, a indiqué très-nettement l'idée de la représentation proportionnelle. C'est, sauf erreur, la première apparition de la réforme électorale dans un débat parlementaire.

En 1865, nous avons fondé l'Association réformiste, « société libre, ayant pour but d'éclairer l'opi-
« nion publique sur la nécessité d'une réforme élec-
« torale, et d'étudier les principes de cette réforme et
« leur application pratique. » Notre Société, la première de son espèce, a maintenant cinq sœurs, en Europe et en Amérique. Des associations réformistes

ont été établies à New-York en 1867 [1], à Londres [2] et à Zurich [3] en 1868, à Chicago [4] et à Neuchâtel [5] en 1869. Nous attendons encore la formation d'une Société de même nature à Fribourg, qui nous a été annoncée l'an dernier, et l'un des publicistes français les plus zélés pour notre cause nous écrivait le 11 juin dernier : « J'espère que je pourrai bientôt « vous annoncer la formation de notre association « en France. » Les circonstances actuelles donnent une importance nouvelle à l'accomplissement de ce vœu, dont la guerre a retardé la réalisation [6].

Genève enfin a vu naître la première publication périodique consacrée spécialement à la cause de la réforme. Lorsque M. Roget exposa à quelques-uns de ses amis l'idée de fonder le *Réformiste* [7], on lui signala les difficultés, l'impossibilité peut-être de faire vivre, ne fût-ce que pendant quelques mois, un journal consacré à une seule question. M. Roget a persisté dans son projet et l'a accompli. Grâce à son zèle et à sa persévérance, il a offert un centre commun de renseignements aux réformistes de tous

---

[1] The personnal Representation Society.

[2] The Representative reform Association.

[3] Der Verein für Wahlreform.

[4] The Minority Representation Society.

[5] Société Neuchâteloise pour la Réforme électorale.

[6] Le rapport entre la réforme électorale et la question des moyens de prévenir la guerre, sans être apparent et direct, est pourtant réel. Voir l'Appendice I.

[7] *Le Réformiste, bulletin de la réforme électorale paraissant le Jeudi*, du 24 décembre 1868 au 9 juin 1870. — Librairie Carey frères, 3, rue du Vieux-Collége, à Genève.

pays, et a contribué à resserrer nos liens, avec l'Angleterre et l'Amérique surtout. De plus, il a donné un exemple qui pourra être suivi. Il est probable qu'en Angleterre, en Amérique ou en France, on verra paraître un journal analogue à celui qui a terminé sa carrière dans notre ville, après avoir utilement rempli sa mission pendant dix-huit mois.

Genève a donc eu trois fois une sorte de primauté dans l'œuvre de la réforme électorale. Les progrès de la cause y sont toutefois assez lents; et, au point de vue pratique, y paraissent presque nuls. Nous avons réclamé avec insistance, depuis 1865, la liberté accordée à l'électeur de rédiger son bulletin de vote, à l'abri des obsessions illégitimes auxquelles il était exposé dans le Bâtiment électoral[1]. Après cinq années de réclamations, on a fait droit à notre demande. C'était une question de simple procédé. Pour le changement du système, nous n'avons rien obtenu. Beaucoup de nos législateurs ont manifesté pour la question une indifférence que nous n'avons pas le droit de blâmer, mais dont il nous est permis d'être affligés et quelque peu surpris. Le 16 février 1870, le Grand Conseil de notre République a dû se prononcer au sujet de la représentation proportionnelle, officiellement proposée par M. Roget. Le sujet avait été élaboré par l'Association réformiste et par la presse. Deux rapports sérieusement étudiés en sens contraire, l'un de M. Le Fort[2], l'autre de M. Ro-

1 Circulaire du Comité d'Administration du 1er septembre 1865.

2 Rapport présenté au Grand Conseil de Genève au nom la majorité de la Commission chargée d'examiner la proposi-

get[1], avaient mis en bonne lumière l'importance de la question. Toutefois 48 députés seulement sur 104 furent présents à la séance du 16 février, et 39 voix se prononcèrent contre la représentation proportionnelle. Plus de la moitié de nos législateurs étaient absents lorsqu'il s'agissait de régler un objet que M. de Biencourt appelait naguères, à bon droit, « la question capitale de la politique moderne[2]. » Trouverons-nous dans ce fait un motif de découragement? Non. Au risque d'être accusé d'un optimisme incurable, j'affirme que, contrairement aux apparences, notre cause a fait des progrès sérieux, et je ne désespère pas de vous faire partager ma conviction à cet égard.

Remarquez, en premier lieu, l'importance que prend graduellement la question. A la Constituante de 1842, M. Hoffmann propose la représentation proportionnelle; l'Assemblée sourit et passe outre. En 1846, M. Victor Considérant, alors à Genève, s'adresse aux membres du Grand Conseil constituant pour fixer leur attention sur la confusion établie entre le *vote délibératif*, auquel s'applique la loi de la majorité, et le *vote représentatif*, auquel doit s'appliquer la loi de la proportionnalité[3]. Notre excellent

---

tion de M. Roget sur la représentation proportionnelle — Broch. in-8°. Genève, 1870.

[1] Rapport à l'appui de la représentation proportionnelle présenté au Grand Conseil de Genève par Amédée Roget. — Brochure in-8°. Genève, 1870.

[2] Dans le *Correspondant* du 10 juin 1870.

[3] De la Sincérité du Gouvernement représentatif, lettre adressée aux membres du Grand Conseil. — Brochure in-8°, octobre 1846.

secrétaire, M. André Alliez, réformiste convaincu, dès cette époque, cherche à faire comprendre l'importance de la réforme au *Journal de Genève*. Ces efforts n'ont aucun résultat. A la Constituante de 1862, M. Morin pose de nouveau la question; on ne se borne pas à sourire, on lui accorde quelques lignes dans le rapport officiel. En 1870, nous obtenons deux rapports étendus et une délibération sérieuse. C'est un grand point de gagné, car, ainsi que nous l'écrivait naguère M. Stuart Mill, « le principe est si « évidemment juste et raisonnable que pour être ac« cueilli, il n'a vraiment besoin que d'être discuté. » Il faut seulement laisser à la discussion le temps de porter ses fruits dans les intelligences, en perçant la couche épaisse des préjugés et des habitudes.

Remarquez, en second lieu, que les débats de notre Grand Conseil et les discussions de la presse ont jeté une vive lumière sur la nature du point controversé entre les réformistes et les adversaires de leur cause. Nous demandons la représentation libre des électeurs. Pour répondre aux difficultés pratiques qu'on nous opposait, nous avons facilement modifié nos projets primitifs, pour les rapprocher des habitudes actuelles. On a été conduit à déclarer alors qu'on ne veut pas le choix libre des candidats par les électeurs, mais le maintien d'un système qui force les citoyens à se diviser en deux partis. Cela a été reconnu explicitement et proclamé par des voix autorisées. Un des orateurs les plus justement écoutés de notre Grand Conseil a recommandé le maintien du principe actuel des élections « qui force les citoyens à une activité collective » ; c'est-à-dire qui ne leur permet pas de choisir librement les députés qu'ils désireraient, mais les *force* à ne choisir qu'entre les candidats présentés par deux partis politiques [1]. Dès qu'on ne veut plus la représentation des électeurs, c'est-à-dire un vrai suffrage électoral, mais un simple vote politique, c'est-à-dire, en théorie, un vote pour une idée, et en réalité, un vote pour des chefs de partis qui deviennent les seuls vrais électeurs [2], dès ce moment, nos arguments sont coupés par la racine. Mais la nécessité d'en venir là pour combattre nos idées établit précisément que si l'on admet l'idée de la représentation des électeurs, il faut entrer dans la voie que nous indiquons. Faire bien comprendre que notre cause est celle de la démocratie représentative, et qu'on nous oppose la conception d'un état démagogique, où les électeurs ne peuvent que se prononcer entre deux oligarchies rivales qui se disputent le pouvoir, c'est assurer le triomphe de nos idées dans un pays où le sentiment de l'indépendance personnelle n'est pas éteint. Or, tel a été, pour les esprits attentifs, le résultat des délibérations de notre Grand Conseil. Un vote négatif en a été l'effet immédiat et provisoire. Un progrès de notre cause dans l'opinion en sera l'effet durable et définitif.

Remarquez, en troisième lieu, que, sous l'action

---

1 Voir le *Journal de Genève* du 1er mars 1870.

2 Voir le *Fond du sac*, lettre sur la question électorale, adressée à un membre du Grand Conseil de Genève, 15 janvier 1870.

de circonstances récentes, nos principes ont été proclamés par des hommes que nous n'avons pas l'avantage de compter dans les rangs de notre Association, et qui ont une importance réelle dans notre pays. Ceci demande, pour être bien établi, des développements d'une certaine étendue.

La majorité de notre Grand Conseil, après s'être longtemps refusée à changer le système électoral, s'est enfin décidée à en proposer la modification par l'établissement de cinq arrondissements au lieu de trois. Plusieurs de nos concitoyens attachaient à ce changement une importance assurément fort exagérée, dans un sens comme dans l'autre. Ce projet était pressenti depuis longtemps. Votre président avait adressé une communication à ce sujet au *Journal de Genève*, en avril 1867[1]. Le *Réformiste* du 29 juillet 1869, renfermait les lignes suivantes: « Un « certain nombre de Genevois, qui reconnaissent les « vices fondamentaux du système électoral actuel, « pensent qu'on trouverait un remède au mal, dont « ils ne contestent pas l'existence, dans la division « des arrondissements....... Il y a là une chimère « qu'il importe de dissiper, parce qu'elle enlève des « forces vives à la cause de la réforme..... Essayons « de prévoir ce qui résulterait à Genève de la tenta- « tive de modifier les arrondissements *en conservant* « *le principe des élections par la majorité*... Des discus- « sions aigres et les passions excitées, c'est la prévision « la plus légitime que l'on puisse former..... modifier « les arrondissements en conservant le principe

[1] Voir l'Appendice II.

« des majorités électorales, c'est un chemin sans « issue. »

Les prévisions du *Réformiste* ont été justifiées. Les discussions aigres sont venues et les passions ont été excitées, parce que, aussi longtemps que le principe de la majorité subsiste, la modification des arrondissements électoraux peut changer le résultat du vote, les suffrages restant les mêmes, et servir par conséquent, les intérêts d'un parti ou de l'autre. Il faut constater cependant que l'agitation est restée à la surface de la population, et que les citoyens genevois ne se montrent pas fort empressés à user de leurs droits et à remplir leur devoir de citoyen, même dans des occasions importantes. Le 10 juillet dernier, le peuple a voté sur la nouvelle division des arrondissements proposée par le Grand Conseil. Sur 15,066 électeurs inscrits, 7,501 seulement se sont présentés au scrutin, et 7,328 ont déposé dans l'urne un bulletin valable. La loi a été rejetée par 3,987 voix. On peut donc mettre, pour un temps au moins, à l'entrée de la voie de la division des arrondissements un poteau indicateur avec l'inscription : *Chemin sans issue*. En laissant de côté toutes les considérations d'une autre nature, ce résultat est heureux pour la cause de la réforme, puisqu'il a détruit une illusion qui, comme le disait le *Réformiste*, nous enlevait des forces vives qui nous appartiennent légitimement. Ceux de nos concitoyens qui pensaient trouver un remède à nos maux dans le faible palliatif de l'augmentation des colléges électoraux, accorderont plus d'attention au remède efficace que nous proposons, remède qui, dans les circonstances présentes, a l'avantage de pouvoir s'appliquer aux trois colléges actuels. Ce qui doit nous donner une ferme espérance à cet égard, ce sont plusieurs des paroles prononcées à l'occasion du vote sur les cinq arrondissements, paroles bien dignes d'être transcrites et conservées dans le dossier de l'Association réformiste.

Le 21 mai 1870, M. Camperio disait au Grand Conseil [1] : « Les partis doivent avoir le moyen de se « représenter par eux-mêmes, par leurs propres vo- « tes, sans être obligés de compter sur la générosité « de leurs adversaires, et sans recourir à ces listes « de conciliation qui ne concilient personne. »

Le 4 juillet, 51 députés signaient, en faveur des cinq arrondissements, une adresse aux électeurs où on lit : « Les circonscriptions actuelles nous exposent « au danger d'un Grand Conseil ne représentant « qu'une seule opinion, l'expérience est là pour « le prouver et pour nous faire toucher du doigt « les périls d'une semblable éventualité Avec les « cinq arrondissements, au contraire, les minorités « seront constamment assurées d'une représenta- « tion. »

Le *Journal de Genève* disait le 5 juillet : « Toute « mesure qui nous rapprochera d'une représentation « de toutes les opinions dans le Grand Conseil aura « nécessairement un caractère pacificateur. » Il disait le 10 juillet, le jour même de la votation sur la loi proposée : « Il s'agit de savoir qui triomphera, de « ceux qui veulent perpétuer dans le pays un sys-

---

[1] Journal de Genève du 22 mai.

« tème fondé sur l'oppression systématique des mi-
« norités, ou de ceux qui demandent que tout le
« monde ait sa place au soleil. » Il a dit enfin le
16 décembre 1870 : « Que *toutes les opinions* puis-
« sent se faire jour, qu'elles aient leurs représentants
« dans le Grand Conseil, nous trouvons cela excel-
« lent. »

Pesez ces paroles. Le système actuel des élections est condamné par M. Camperio, par 51 députés, par le *Journal de Genève*, pourquoi ? Parce qu'il ne laisse représenter un parti que par la générosité de ses adversaires. Parce qu'il expose au danger d'un Grand Conseil d'une seule opinion. Parce qu'il compromet la paix, en ne permettant pas la libre représentation de tous les opinions. Parce qu'il opprime systématiquement les minorités. Le programme d'un bon système électoral est indiqué comme suit par M. Camperio, par 51 députés et par le *Journal de Genève*: Il donnera aux partis le moyen de se représenter par eux-mêmes. Il assurera dans le Conseil la présence des diverses opinions. Il aura, en supprimant la lutte, un caractère pacificateur. Il assurera à tout le monde une place au soleil. N'est-ce pas là la plus pure expression des principes réformistes ? N'est-ce pas notre critique de ce qui est ? N'est-ce pas notre programme de ce qui doit être ? Tous ces principes excellents étaient proclamés ; tous ces arguments étaient donnés en faveur des cinq arrondissements. Assurément une étude attentive de la théorie, et une enquête sur les faits, soit en Suisse soit en Amérique, aurait démontré qu'avec cinq arrondissements comme avec trois on peut voir les minorités systématiquement opprimées, les influences pacificatrices absentes, et nombre d'opinions respectables privées de leur place au soleil législatif. On attendait de la mesure proposée ce qu'elle ne pouvait pas donner. Maintenant que la voie est fermée, aucune illusion n'empêchera plus de reconnaître que les arguments présentés dans le débat concluent tous légitimement et uniquement à l'établissement de la représentation proportionnelle. Nos principes ont été hautement proclamés par les premières autorités de notre cantons et par un journal fort répandu. Ils ont été proclamés pour favoriser une mesure qui ne les réalisait pas et qui a été rejetée; mais ils ont été proclamés, et nous en prenons acte avec une sérieuse satisfaction.

Tel est l'état de la question électorale à Genève. En regrettant que nos législateurs n'aient pas encore introduit dans nos lois le principe de la représentation vraie, nous avons pourtant à constater que notre cause a fait des progrès réels. L'idée de la réforme qui, en 1842, n'excitait que le sourire, est maintenant prise au sérieux. La question a été tirée au clair, et chacun peut savoir que notre cause est la cause même de la démocratie représentative. Nos principes enfin ont été proclamés par des voix autorisées qui n'ont pas eu l'habitude de parler en notre faveur.

Si nous portons maintenant nos regards hors des limites étroites de notre patrie, nous verrons le mouvement réformiste grandir auprès et au loin, avec la puissance et la régularité des marées de l'Océan.

A dater de novembre 1867, date du dernier rapport qui vous a été présenté [1], les publications en faveur de la réforme se sont multipliées en Amérique et en Angleterre [2]. Elles ont acquis une importance nouvelle en France, où des hommes de tous les partis se sont prononcés en faveur d'une cause de justice [3]. Le mouvement réformiste a commencé en

---

1 *La question électorale en Europe et en Amérique*. Première partie.

2 Voir, en outre des rapports préparés pour les discussions législatives et les associations de réforme, et des articles de journaux et revues : Droop : *On methods of Electing representatives. London 1868.* -- Francis Fisher : *The nomination of Candidates for civic and political office*. Philadelphia 1868. — Rigby Smith : *Personal Representation*. London 1868. — Merchant : *Representation of minorities*. London 1869. — Droop : *on the political and social effects of different methods of Electing representatives*. London 1869. — Walter Baily : *A Scheme for Proportional Representation*, London 1869.

3 *Les Minorités et le suffrage universel*, par le baron de Layre, 1868. — *Le droit des Minorités*, par J. V. B. 1868. — *Le droit des Minorités*, par Maria Chenu, avec un avant-propos par M. L. Jourdan, 1868. — *Note sur un nouveau mode de votation* par F. Barrier, dans la *Science sociale*, novembre 1868. — *Le suffrage universel*, par le docteur Tony Moilin, 1869. — Un article de M. Furet dans le *Journal des Economistes* de juin 1869. — *De la représentation des minorités*, par le duc d'Ayen. 1870. — *Représentation proportionnelle de la majorité et des minorités*, par Borély, 1870. — *Le suffrage universel dans l'avenir*, par Eugène Aubry-Vitet, dans la *Revue des Deux-Mondes* du 15 mai 1870. — *Le suffrage universel et le droit des minorités*, par le Marquis de Biencourt, dans le *Correspondant* du 10 juin 1870. — Voir enfin de nombreux articles de journaux et particulièrement la *Décentralisation* de Lyon, juin et juillet 1869.

Italie et y a pris déjà des proportions réjouissantes [1]. S'il nous était permis de publier des lettres privées, nous pourrions vous montrer ce mouvement gagnant la Grèce, et s'étendant à la Russie où les germes du système représentatif ont été introduits, il y a quelques années [2].

De nouveaux débats parlementaires ont eu lieu en divers pays.

Après avoir observé pratiquement, pendant plusieurs années, les effets du nouveau système électoral, le Danemark l'a fait passer de la loi simple dans la Constitution [3], et s'occupe à en étendre l'application. Deux projets législatifs viennent d'être présentés à Copenhague, pour introduire le principe proportionnel dans les élections municipales et ecclésiastiques. L'un de ces projets a été présenté par le gouvernement, l'autre par un des députés de l'opposition.

En février 1869, un projet de loi établissant la représentation des minorités a été délibéré, en Bavière,

1 Voir : *Teoria della Elezione politica*, par Guido Padelletti, in-4°, mémoire couronné en Janvier 1868, par l'Académie des sciences morales et politiques de Naples, imprimé en 1870. — Luigi Palma : *Del Potere elettorale ngli stati liberi*. 1 vol. in-12°. Milan 1869. — Ferraris Carlo : *La rappresentanza delle minoranze nel Parlemento,* in-8°. Turin, 1870. — En novembre 1870, M. Genala expose les principes de la réforme électorale, dans une réunion publique, à Soresina, devant un auditoire nombreux et sympathique. — Le 10 janvier 1871, *la Stampa*, de Venise, signale l'importance de la réforme électorale, et invite la presse italienne à s'occuper de la question. — Le 20 janvier 1871, M. Attilio Brunialti fait connaître à l'Académie de Vicenze les divers plans de réforme proposés en Europe et en Amérique.

2 Voir l'Appendice III.

3 Voir l'Appendice IV.

sur la proposition de M. Kolbe, et a réuni, à la votation, 42 voix sur 134.

L'Association réformiste de Zurich, représentée dans la Constituante de 1868, par ses deux chefs principaux, M. le docteur Wille et M. Georges de Wyss, a obtenu une discussion sérieuse de ses idées. Bien que le sujet fût sans doute fort nouveau pour une grande partie de l'Assemblée, 59 voix sur 153 appuyèrent la proposition de charger une commission spéciale de l'étude de la question.

Le Grand Conseil lucernois, dans une révision partielle de la Constitution, a abordé la question de la réforme soulevée dans ce canton, dès 1862, par M. Herzog-Weber [1]. Le principe nouveau n'a pas été admis pratiquement dans la loi électorale; mais on a donné des garanties aux minorités dans le choix des bureaux d'élection, et la Constitution renferme cette recommandation théorique:

« Dans les élections, aussi bien que dans la nomi-
« nation des commissions, on devra avoir égard aux
« minorités [2]. »

Une commission officielle ayant été nommée, il y a quelques mois, pour l'organisation municipale de la ville de Paris, M. Léon Say a proposé le système du vote cumulatif avec des colléges de trois députés, et M. Emile de Girardin a saisi cette occasion pour attaquer de nouveau, avec une rare vigueur, le principe des majorités, et pour faire valoir les droits

---

[1] Das richtige Wahlverfahren in der repräsentativen Démokratie. Luzern. 1862.

[2] Voir le *Réformiste* du 25 février et du 4 mars 1869.

incontestables et l'utilité non moins incontestable d'un vote libre et d'une représentation proportionnelle [1].

Notre cause n'a besoin que d'être connue pour être comprise, sous la condition du temps et de la réflexion; et elle ne peut être comprise, sans être adoptée par les partisans d'une représentation sincère du corps électoral. C'est pourquoi nous enregisgistrons comme des valeurs à l'actif de la réforme toutes les discussions parlementaires, même celles qui aboutissent à un vote négatif, parce qu'elles sèment dans les esprits des germes de vérité, et que les semailles sont la condition nécessaire des moissons futures.

A Neuchâtel, il y a eu plus que le fait d'une simple délibération. Le 19 novembre 1869, après de vives discussions dans la presse, après un rapport de M. Jacottet [2], qui est une des pièces désormais les plus importantes du dossier de la réforme électorale, après un débat parlementaire fort nourri et prolongé pendant deux séances, le Grand Conseil a décidé, par 43 voix contre 38, de prendre en considération le projet de réforme que lui présentait une commission nommée à cet effet. Ce projet établissait la représentation personnelle, dans le sens de la loi

[1] Projet de loi concernant l'organisation municipale de la ville de Paris. — brochure in-8° sans date, imprimé en janvier? ou février? 1870.

[2] Rapport de la majorité de la Commission nommée par le le Grand Conseil de la République et Canton de Neuchâtel pour la révision de la loi électorale, in-8° de 77 pages. — Neuchâtel, avril 1869.

danoise et des plans de M. Thomas Hare, c'est-à-dire le système qui réalise de la manière la plus complète les principes théoriques des élections représentatives. La loi n'a pas été définitivement adoptée. Sa perfection théorique a peut-être été l'une des causes de son rejet [1]. On s'est fait une arme, en particulier, du fait que l'ordre du passage des bulletins peut avoir de l'influence sur le résultat des opérations. Cet élément *aléatoire* est le résultat inévitable et très-peu important de la pleine liberté accordée aux électeurs Le souffle de l'esprit de parti a gonflé ce détail, qui a pris dans les débats des proportions peu justifiées [2].

Le 21 juin 1870, 51 votes négatifs contre 30, ont ajourné l'établissement d'un vrai système de représentation à Neuchâtel. Mais pensez à ce qui se passait, il y a cinq ans. Quand nous avons mis la main, en 1865, à notre tâche commune, on nous a répondu que notre projet était une rêverie de cabinet, une spéculation philosophique, quelque chose de tout à fait éloigné d'une pratique possible. Ecoutons la commission neuchâteloise, à la page 5 de son rapport: « Vous savez, Messieurs, que les membres de la ma-
« jorité de votre commission ne sont pas plus dis-
« posés que la plupart d'entre vous à donner de la
« tête dans toutes les idées nouvelles, ni moins dé-
« sireux d'éviter des complications et des embarras.
« Vous savez qu'ils vivent au milieu des affaires,
« qu'ils connaissent par expérience propre les néces-

---

1 Voir l'Appendice V.

2 Voir l'Appendice VI.

« sités de la vie électorale, que ce ne sont pas des « philosophes ruminant dans leur cabinet des uto- « pies irréalisables. Eh bien! ayant abordé avec in- « quiétude le problème sur lequel vous demandiez « leur préavis, le problème de *l'applicabilité* du prin- « cipe reconnu juste par tout le monde, ils sont sor- « tis de cette étude, *certains*, *sans aucune inquiétude*, « non-seulement quant à la possibilité, mais quant « à la facilité de l'application du système. » — Il faut espérer qu'après une déclaration aussi précise, on renoncera à nous faire entendre des variations sur le thème usé du *quotient philosophique*. Le vote du 21 juin 1870 est assurément un échec pour notre cause, mais il ne détruit pas la portée du vote du 19 novembre 1869, qui demeure un succès sérieux et une pierre d'attente pour l'avenir.

Des succès significatifs ont été obtenus sur des théâtres plus vastes que la Suisse. La réforme a été pratiquement inaugurée en Angleterre, en 1867, par une mesure assez défectueuse et d'une application restreinte, mais qui avait une importance extrême comme un hommage rendu par un des premiers corps politiques du monde au principe de la représentation vraie. Les élections de 1868 ont eu lieu d'après le système nouveau [1]. Le 15 juin de cette année, la Chambre des Communes a voté sur une proposition de M. Heardcastle, qui demandait l'abrogation de la clause en faveur des minorités, introduite en 1867. La Chambre, par 185 voix contre 181, a décidé de ne pas entrer en matière. La majorité

[1] Voir l'Appendice VII.

est numériquement faible. Vous la jugerez moralement considérable, si vous vous rappelez que M. Gladstone, appuyait la demande de M. Heardcastle, et que M. Bright avait attaqué vivement la représentation des minorités dans des réunions publiques. Il avait été jusqu'à dire que ce principe est « une pure et simple absurdité en matière de légis« lation[1]. » Malgré le poids considérable dans les balances de la politique anglaise que donnent à MM. Gladstone et Bright leur valeur comme individus et leur position officielle, « l'absurdité » a été maintenue dans la législation de la Grande-Bretagne. Un journal anglais, le *Standard*, a dit à ce propos : « La conscience de la nation impose le principe « de la représentation des minorités. La lutte contre « ce principe n'est pas autre chose que la lutte con« tre la lumière. »

L'Angleterre vient donc de maintenir l'application partielle du principe réformiste, qu'elle a adoptée il y a trois ans. L'Amérique a fait plus. M. Buckalew a proposé au Sénat des Etats-Unis, en juillet 1867, le système du vote cumulatif pour les élections du Congrès[2]. Ce procédé permet, sans l'assurer complètement, une représentation proportionnelle, et, dans tous les cas, il renverse par la base le principe

---

[1] *Voir le journal de Genève* du 19 janvier 1870.

[2] Bill pour amender la représentation du peuple dans le Congrès :

« Qu'il soit décrété par le Sénat et la Chambre des représentants des Etats-Unis, que dans les Elections des représentants au Congrès, toutes les fois qu'un Etat a plusieurs représentants à élire, chaque électeur aura droit à un nombre de actuel des élections. En mars 1869, une commission du Sénat a fait, à l'unanimité, un rapport très-vivement favorable à la réforme proposée. Le 23 juin 1870, la Chambre des Représentants a été nantie de la question par le Sénat, et a renvoyé le bill proposé à la Commission *pour rédaction définitive.* Espérons que la rédaction définitive et son adoption ne se feront pas beaucoup attendre.

Le 6 mai 1870, la Constituante de l'Etat d'Illinois a adopté, à la majorité des quatre cinquièmes des voix, un plan de réforme qui établit le vote cumulatif dans des colléges nommant trois députés [1]. Il a été statué (mesure de sagesse qui devrait être partout imitée) que cet article de la Constitution, vu son importance exceptionnelle, serait soumis isolément au vote populaire. La votation a eu lieu le 2 juillet dernier. La réforme électorale a été adoptée par une majorité de 29,005 voix sur 167,523 votants. Le fait se passe de commentaires; et il est désormais acquis au débat qu'un peuple entier peut parfaitement comprendre et apprécier l'idée de la représentation proportionnelle. La Société réformiste de Chicago, fondée en mai 1869, a réussi à faire adopter ses principes par la législature de l'Etat d'Illinois après quatorze mois de travaux. La semence lève moins vite dans notre vieille terre d'Europe.

---

suffrages égal à celui des représentants de l'Etat, et pourra donner tous ses suffrages à un seul candidat, ou les distribuer également ou inégalement entre plusieurs, et que les candidats qui auront obtenu le plus grand nombre de suffrages seront élus. »

[1] Voir l'Appendice VIII.

Les faits qui viennent d'ètre indiqués ne sont que les manifestations les plus importantes du mouvement réformiste en Amérique. Bien d'autres symptômes trahissent l'intensité de ce mouvement. Un rapport plus détaillé que celui-ci aurait à mentionner soit diverses réunions publiques en faveur de la réforme, soit des mesures, les unes adoptées, les autres à l'étude, ayant pour but d'introduire la représentation proportionnelle dans les compagnies financières, les directions d'écoles et les assemblées ecclésiastiques [1].

La réforme électorale a donc été adoptée par des assemblées législatives et par toute la population d'un état. Mais a-t-elle été pratiquée quelque part, ailleurs qu'en Danemark? C'est la question des hommes de l'expérience. Oui, elle a été pratiquée. La législature de l'Etat de Pensylvanie, dans le but sans doute d'éprouver la valeur des idées nouvelles, a autorisé l'emploi du vote cumulatif pour l'élection du Conseil municipal de la ville de Bloomsburg. Le *Démocrate*, journal de Bloomsburg, rend compte en ces termes du résultat de l'essai : « Notre élection municipale de « mardi a démontré les avantages de la méthode « introduite dans la manière de voter, et lui a assuré

---

[1] Depuis l'époque où ce rapport a été rédigé, un fait important est parvenu à la connaissance de l'Association Réformiste. Le collége (université) de Harward, a mis en pratique le système Hare pour l'élection des inspecteurs de ce vaste établissement. Sur 380 bulletins, six seulement ont dû être annulés pour défaut de forme. Le dépouillement a été plus prompt qu'il ne l'était avec l'ancien système, et le rapport officiel présenté à l'Université déclare que les effets du nouveau mode de votation ont été excellents.

« la sanction de l'opinion publique pour l'avenir.
« Théoriquement, ce mode de votation avait été
« adopté par les hommes réfléchis comme juste et
« convenable, mais ce plan n'ayant pas encore été
« mis en pratique, il soulevait bien des doutes dans
« masse du peuple. Maintenant tous les doutes re-
« latifs à son utilité, à son équité et à ses difficultés
« d'application ont disparu pour toujours. »

Le *Times* de Chicago, du 20 avril dernier, fait à ce sujet les réflexions suivantes : « Tel a été le résultat
« satisfaisant de la première élection faite en Amé-
« rique d'après le vote libre. Par cette élection, il a
« été prouvé que cette grande et bienfaisante réforme
« est praticable ; sa justice et sa sincérité ont été mises
« en évidence. C'est le début d'une réforme électo-
« rale qui deviendra certainement générale pour
« pour toutes nos élections, aussi bien fédérales que
« d'Etat ou municipales. C'est le petit commence-
« ment de la réforme politique la plus importante
« qu'on ait jamais plaidée sur ce continent. » Qu'a-jouter à ces paroles? une seule remarque. La réforme pratiquement inaugurée à Bloomsburg n'intéresse pas moins le vieux continent que le nouveau.

L'Amérique est un peu loin, et vous souhaitez peut-être avoir, pour la mise en pratique du principe nouveau, une base d'observation plus rapprochée. Cette satisfaction ne vous sera pas refusée. En vertu d'un décret du Parlement, les Conseils d'Ecole d'Angleterre viennent d'être élus (fin novembre 1870) d'après le système cumulatif. Ces Conseils sont choisis par des masses considérables d'électeurs, puisque dans un seul des districts de Londres, un seul candidat a réuni plus de 47,000 suffrages. Le résultat de l'élection nous a été immédiatement signalé par un membre du Parlement d'Angleterre, comme constituant pour notre cause « un succès triomphant. » C'est l'appréciation d'un partisan de nos idées. Ce qui demeure certain pour tous, c'est que les opérations n'ont rencontré aucun obstacle pratique, et que le résultat a été d'une justice infiniment supérieure à ce qu'aurait produit l'ancien système, parce que les divers groupes d'électeurs ont pu choisir librement leurs mandataires, sans être obligés de recourir à des coalitions pour former une majorité factice.

Le procédé du vote cumulatif prête le flanc à la critique, mais son but avoué est d'obtenir la représentation de toutes les opinions, et il l'atteint dans une certaine mesure. Nous pensons que le principe de la représentation vraie peut être appliqué d'une manière plus satisfaisante. Mais nous dégageant de tout esprit sectaire, et de tout attachement exclusif à nos propres idées, nous nous réjouissons, sans arrière-pensée et sans réserve, des succès que notre cause vient d'obtenir, en Amérique et en Angleterre.

Vers 1860, l'idée de la réforme électorale était généralement et profondément inconnue. L'établissement de la représentation personnelle en Danemark n'avait pas attiré l'attention, et le livre de M. Hare venait seulement de paraître. Quel chemin rapide cette idée a fait en dix ans! Nous l'avons vue conquérir une place toujours plus large dans la presse, paraître dans les délibérations des corps officiels, obtenir la haute approbation du Sénat des Etats-Unis, être adoptée en Illinois, pratiquée avec succès en Anglerre et en Pensylvanie. Que pouvons-nous demander de plus? Qu'elle soit adoptée et pratiquée dans nos Cantons suisses. C'est notre œuvre. Il nous faut vaincre l'hostilité de quelques esprits, l'indifférence d'un grand nombre, déchirer le voile de l'habitude et des préjugés. Pour cela, nous avons besoin de la vertu de patience et du don de persévérance. Rien n'inspire autant la patience; rien ne facilite plus la persévérance que les sentiments de la confiance et de l'espoir. Tout ce qui ce passe dans le monde est propre à nous donner ùne confiance toujours plus grande dans la bonté de notre cause et un ferme espoir de son succès.

Appendice I

—

ADRESSE DE L'ASSOCIATION RÉFORMISTE DE GENÈVE A LA LIGUE INTERNATIONALE DE LA PAIX.

(Extrait de la *Bibliothèque de la Paix*. — Première assemblée générale.)

Messieurs,

Nous rédigeons sous la forme la plus brève les considérations suivantes que nous recommandons à votre bienveillante attention, vous priant, si la chose est possible, d'en faire la lecture dans une de vos séances.

Vous voulez travailler à l'établissement de la paix; et pour atteindre ce grand résultat, vous vous adressez à l'opinion publique. L'opinion, Messieurs, sera pour vous. *Sauf les cas d'oppression intolérable ou d'agression manifestement injuste, les peuples veulent la paix.* Mais, Messieurs, pour que l'opinion gagnée à votre cause assure le maintien de la paix, il faut qu'elle agisse sur les corps politiques qui décident la guerre.

Or, comment l'opinion d'un peuple agit-elle légalement et régulièrement sur les pouvoirs politiques ? Par l'élection des corps représentatifs. Entre les moyens d'obtenir la paix, il faut donc signaler, sans exagérer l'importance de ce moyen, mais sans la méconnaître, *la vérité de la représentation nationale.*

C'est sur ce point que nous venons attirer votre attention.

Des travaux tous les jours plus nombreux et des discussions parlementaires récentes ont démontré que le système actuel des élections, qui laisse désigner les représentants de tous par la seule majorité des électeurs, a les deux conséquences suivantes :

1° Les électeurs sont jetés de force dans deux partis seuls en présence qui se disputent la représentation devenue un monopole.

2° La majorité d'un corps représentatif élu par ce système ne représente pas la majorité des électeurs. La représentation nationale est faussée au profit du parti dominant.

Voyons le rapport de ces deux vérités incontestables avec l'objet de vos préoccupations.

La division forcée des électeurs en deux partis, et les excitations auxquelles il faut recourir pour obtenir des majorités habituellement factices, créent des luttes artificielles, et provoquent des passions hostiles. Chaque élection est comme le germe d'une guerre civile.

L'assemblée née de la lutte des partis exprime le triomphe de l'un. Ce parti dominant peut avoir ntérêt à susciter une guerre étrangère, comme une affreuse diversion aux embarras qu'il rencontre à l'intérieur. La guerre peut donc être décrétée légalement, mais contrairement à l'opinion générale, parce que la nation n'est pas véritablement représentée dans le corps qui doit contrôler les actes du gouvernement. Ainsi aux guerres voulues ou du moins acceptées par les peuples qui en supportent les conséquences, s'ajoutent des guerres politiques dans lesquelles les nations sont entraînées malgré elles.

Supposons maintenant, selon le principe nouveau qui a aujourd'hui des défenseurs dans tous les pays du monde, supposons une assemblée où, une part proportionnelle de députés étant accordée à tous les groupes d'électeurs librement réunis, le pays soit représenté comme il est. Les gouvernements et les chefs de partis seront placés sous le contrôle de réunions d'hommes qui exprimeront le véritable vœu des nations. Les luttes électorales, qui sont un affreux contre-sens n'existeront plus ; le germe électoral de la guerre civile aura disparu. Les guerres étrangères qui ont un caractère national, parce qu'elles sont le résultat de grandes passions, resteront. Mais les guerres politiques deviendront impossibles. Des représentations nationales vraies n'y consentiront jamais.

Il existe donc dans la vérité de la représentation un préservatif contre les déchirements intérieurs, et contre la guerre étrangère. Mais la vérité de la représentation ne peut être obtenue que par une réforme du système électoral, qui substitue au principe de la lutte de deux partis le principe de la représentation équitable de tous.

Le principe actuel, entaché d'injustice et de fausseté est un principe de guerre. Le principe nouveau, conforme à la justice et à la vérité, est un principe de paix. La cause de la paix et la cause de la réforme électorale sont ainsi reliées par une solidarité étroite que la réflexion met en pleine lumière. C'est pourquoi, Messieurs, au nom de la paix, dans *les intérêts de votre noble et sainte cause, qui est aussi la nôtre*, nous vous prions d'accorder une attention sérieuse à la question du changement du principe des élections, telle qu'elle est maintenant posée, sur presque tous les points du globe, par des hommes appartenant aux opinions les plus diverses, mais réunis dans le commun sentiment des droits de la justice et des bienfaits de la paix.

Agréez, Messieurs, avec tous nos vœux pour le succès de vos assemblées, l'assurance de notre sympathie et de notre considération.

Genève, 5 juin 1868.

Pour le Conseil de l'Association réformiste de Genève :

Ernest Naville, président du Conseil. Amberny, président du Comité d'administration. André Alliez, secrétaire du Comité d'administration. Eugène des Gouttes, secrétaire du Conseil.

Appendice II

LETTRE AU *Journal de Genève* SUR LA QUESTION DES ARRONDISSEMENTS.

(Insérée dans le N° du 26 avril 1867.)

Monsieur le Rédacteur,

Dans votre numéro du 31 mars, vous exprimez l'idée que la réforme électorale la plus simple consisterait à modifier les arrondissements électoraux, et vous demandez quelle est à ce sujet la pensée du Conseil de l'Association réformiste. La réponse à votre question se trouve contenue dans un rapport présenté à l'une de nos assemblées générales, en 1865. L'examen de la tentative de modifier les arrondissements occupe les pages 22 à 28 de ce rapport, publié sous le titre de *Réforme du système électoral.* Notre Association est entrée dans une autre voie, parce que celle-là ne lui a pas semblé offrir d'issue favorable. Tel est, Monsieur, le renseignement de fait que j'ai à vous transmettre pour remplir le devoir de ma charge.

Voudrez-vous maintenant m'ouvrir vos colonnes pour présenter des considérations générales relatives à cette question importante? Je cours le risque d'être long; mais, vous sachant libre de ne pas accueillir ma prose, je puis écrire sans scrupule.

L'histoire politique de Genève a présenté un fait profondément instructif, parce qu'il était parfaitement monstrueux. En 1850, un parti, composé de la moitié du peuple, a été totalement exclu de la représentation dite nationale. Ce fait n'a pas été sans influence sur les malheurs subséquents de notre patrie. Notre système électoral est condamné, non-seulement par la théorie, mais par la plus funeste des pratiques. Il porte une atteinte grave à la *justice* et à la *liberté*.

Le manque de justice a été mis en pleine évidence par les élections de 1850. Or, l'institution nous menace toujours d'un résultat analogue. Aux élections dernières, le déplacement de 283 voix, dans l'arrondissement de la Rive Gauche, aurait exclu encore une fois du Grand Conseil un parti tout entier. Le manque de justice se présente encore sous un autre aspect. Une opinion n'a aucun moyen de se faire représenter si elle n'obtient pas la faveur d'un des deux partis seuls en lutte. En voici un éclatant exemple. Des citoyens dont le nombre répond à une vingtaine de députés, puisqu'ils sont 2,290, pétitionnent pour demander la réforme électorale. Ils ne peuvent pas envoyer au Grand Conseil *un seul représentant* direct de leur idée.

Ce manque d'équité dans l'institution est aussi l'origine de la perte de la liberté électorale. Deux comités dressent des listes qui épuisent toutes les candidatures possibles. Ils instituent quelquefois, s'ils le jugent à propos, des élections préparatoires qui ne sauraient être sérieuses, par la force même des choses. Les comités sont les seuls *électeurs* vrais ; les citoyens deviennent de simples *votants* qui choisissent entre deux partis. Tous les esprits attentifs qui ont étudié à fond notre mécanisme électoral savent que le *panachage* est une opération toujours incertaine dans son résultat. On établit, par une démonstration rigoureuse, qu'en donnant sa voix à un candidat, on risque toujours de contribuer à l'élection d'un autre candidat de la même liste.

« Votons, sans *panacher!* Agir autrement c'est faire un métier de dupes. » On nous l'a dit naguère, on ne manquera pas de nous le dire encore à la première occasion. Le raisonnement, aidé par la passion des partis, a amené l'immense majorité du peuple genevois à comprendre que, sous le régime actuel, la liberté de l'individu, s'il veut agir avec intelligence, se borne à choisir une liste, entre deux listes seules en présence. Aux dernières élections de la ville de Genève, il y a eu 4,335 électeurs qui ont voté les listes telles quelles, et 225 qui ont panaché, sans exercer aucune action quelconque sur le résultat de l'opération.

Manque de justice, manque de liberté : tels sont les deux caractères prédominants de notre système. La guerre dans la servitude, voilà ce qui remplace pour nous l'exercice du noble droit d'élire. Grand est le nombre des Genevois qui sentent douloureusement le poids de leurs chaînes, et gémissent de ces luttes où ils ne peuvent exercer leur droit qu'en écrasant le droit des autres. Le mal est patent, universellement reconnu. Ne rien faire, serait un aveu d'impuissance funeste; car ce serait déclarer incurable une maladie dont personne ne conteste ni l'existence, ni la gravité.

Trouverons-nous un remède approprié a de telles misères dans le système des arrondissements? Dans cette voie, trouverons-nous la justice certaine? Non. Nous avons vu trois colléges voter comme un seul, et donner tout le Grand Conseil a un même parti. Avec cinq, six, dix colléges le fait deviendra moins probable, sans doute, mais il restera possible. Les diverses opinions auront plus de chances de se faire représenter, mais pourquoi se contenter de *chances*, quand il est si facile d'établir la justice avec une entière certitude? — Dans la voie des arrondissements trouverons-nous la liberté? Non. Il existe dans notre pays au moins quatre à cinq opinions assez caractérisées pour désirer des représentants. On aura beau briser le corps électoral, tant que la majorité élira seule les représentants de tous dans chaque collége, il n'y aura, dans l'état de notre pays, que les deux partis actuels seuls en présence. Faites dix arrondissements au lieu de trois, ce sera toujours la même lutte et la même contrainte.

Comment d'ailleurs établir des arrondissements nouveaux dans un pays où l'unité politique est faite, où les intérêts locaux cèdent absolument le pas à la lutte de ces intérêts généraux qu'expriment les opinions politiques? Dès que les deux partis sont en lutte, on sait bien qu'on change les majorités en déplaçant les barrières qui empêchent les suffrages de se réunir. Napoléon III fait ces calculs-là dans son cabinet, quand il disloque les arrondissements qui votent mal. La monnaie de Napoléon, ce sont nos chefs politiques qui supputent leurs chances. Mais nos chefs politiques sont obligés d'entrer en discussion sur les matières électorales, ce qui n'est pas le cas de notre puissant voisin. Toute discussion sur les arrondissements deviendra inévitablement une question de parti. Elle excitera les soupçons, provoquera les luttes. Voilà toutes les passions réveillées ! Supposons ce mauvais pas franchi et une nouvelle division du canton proposée par le Grand Conseil et acceptée par le peuple. Il restera partout des minorités sans représentants. On dira aux électeurs vaincus dans un collége : « Soyez contents ! vos adversaires ont été vaincus dans un autre collége. » On le leur dira, tant il est vrai que la lutte de deux partis exclusifs a fait disparaître de la plupart des esprits l'idée même de la représentation des citoyens. Les vaincus, toutefois, ne seront pas contents, et ces masses d'électeurs dont le suffrage est perdu constituent un ferment tout préparé pour les excitations révolutionnaires.

Est-ce là de la théorie pure? Non ; c'est de l'histoire aussi. Il suffit pour s'en convaincre de lire le *Mémorial* des constituantes de 1842 et de 1862, et de se rappeler que, sous le régime de 1842, il est arrivé que la majorité des électeurs de la ville de Genève n'obtenait qu'une minorité de députés. Les Genevois savent l'arithmétique. On faisait le compte, on constatait le fait, et ce fait constaté n'a pas été sans influence sur les événements de 1846. Scindez arbitrairement le corps électoral, vous irez toujours au-devant d'un résultat analogue. Genève, sous ce rapport, ne peut pas être comparée à la plupart des cantons suisses, où la division des colléges a encore ici et là des bases naturelles. Les arrondissements électoraux sont chez nous une importation récente. Avant 1842 on élisait en collége unique. Dans la Constituante de 1842 on a prévu les difficultés qui allaient naître d'arrondissements artificiellement établis dans un pays où ils n'existaient pas. M. P. Humbert, en particulier, démontra que ce système est « arbitraire, faux, contraire à la justice et à l'égalité » : telles furent ses paroles. Ses prévisions sont devenues des faits. Chercher un remède à nos maux dans le système des arrondissements, *sans changer le principe même de la représentation*, c'est, je le crois, méconnaître les enseignements les plus clairs de notre histoire; c'est soulever des orages et préparer des tempêtes. Il n'y a pas de remède efficace dans cette voie, parce que, dans cette voie, on n'atteint pas la source du mal.

La source vraie de la maladie électorale qui s'est révélée à Genève par de terribles symptômes, est le principe de l'élection des représentants de tous par la majorité seule. De là, l'injustice toujours possible par l'exclusion totale d'un parti, toujours actuelle par la nécessité de masser toutes les opinions en deux partis seulement. De là, la suppression de la liberté pour tous les groupes de citoyens qui ne partagent pas les vues des deux partis seuls en scène. De là, la violence d'une lutte qui a pour effet d'enlever au parti vaincu tout exercice de ses droits politiques dans l'enceinte du Grand Conseil. Ce mal existe presque partout. On peut rendre compte historiquement de l'énorme confusion d'idées qui nous fait trouver naturel que la majorité seule ait des représentants, parce que c'est la majorité dont les décisions ont force de loi. Cette confusion d'idées a en sa faveur une habitude enracinée et l'intérêt des passions dominatrices. Elle touche pourtant à son terme, et l'aube de la vérité commence à blanchir sur bien des points de l'horizon politique. Les élections de Genève, comme la *Bibliothèque universelle* vient de le remarquer, n'ont fait que réduire à l'absurde, par la voie de l'exagération, un principe généralement pratiqué. Cette leçon doit porter ses fruits, et Genève est directement appelée par ses circonstances à tenter une réforme qui lui est plus spécialement nécessaire, bien qu'elle intéresse au plus haut point tous les Etats représentatifs. Le remède doit partir du point où le mal, arrivé à son paroxisme, a manifesté toutes ses conséquences.

Deux de nos compatriotes, MM. Morin et Rivoire, se sont préoccupés depuis longtemps de ce sujet. M. Morin, s'attachant surtout à l'idée de la justice, a conçu le système de la représentation proportionnelle des partis. M. Rivoire s'attachant surtout à l'idée de la liberté de l'électeur, a conçu le système du quotient électoral, ou des colléges de candidats, qui réalise la justice par la voie de la liberté. Les plans de réforme de ces honorables citoyens sont nés spontanément dans leurs esprits, en présence des faits. Ces messieurs ont appris ensuite que les mêmes idées avaient été défendues à Genève par M. Hoffmann, et qu'elles avaient divers antécédents historiques. Ils ont appris encore que le système de la représentation juste est un germe qui a levé et qui lève un peu partout : à Fribourg, à Lucerne, à Neuchâtel, à Bâle, en Belgique, en Danemark, où il a passé dans la pratique, en Angleterre, où il a donné lieu aux travaux considérables de M. Hare, dont M. Stuart-Mill a adopté et défendu les plans, en Hollande, où il a fixé l'attention d'un Congrès international. Nous sommes en présence d'un mouvement général en Europe qui tend à placer un principe juste aux fondements du système représentatif, et à extirper une racine d'injustice féconde en fruits amers d'hostilité et de servitude. Ne voir dans la réforme proposée qu'une question ordinaire de politique, ce serait en méconnaître la nature et la portée. L'acte d'élire est le lien par lequel tous les citoyens sont rattachés à la marche des affaires du pays. Le système des élections juste ou injuste, pacifique ou hostile, infiltre dans la société tout entière des sentiments bons ou mauvais. Pour dire toute ma pensée (qui ne semblera peut-être pas excessive aux hommes qui ont longuement et sérieusement étudié cette matière), les élections de Genève font plus de mal à notre pays, socialement et moralement, que les efforts réunis de toutes nos sociétés philanthropiques ne peuvent lui faire de bien.

Il importe avant tout de se placer en face du principe nouveau et de se décider sur le fond des choses. La question des procédés se résoudra facilement lorsqu'on sera d'accord sur le but auquel on veut tendre. Il n'y aura qu'à choisir. Le procédé de M. Rivoire est le plus près de la théorie pure; on l'a rejeté comme trop théorique. Le procédé de M. Morin renfermait des complications qui l'ont fait juger obscur. Le procédé de la liste libre, auquel MM. Morin et Rivoire se sont ralliés, parce qu'il n'est qu'une simple variante de leurs projets, introduit directement le principe nouveau dans les formes actuelles. Il satisfait entièrement la justice, et réalise le maximum de liberté individuelle compatible avec le scrutin de liste. Les difficultés qu'on lui oppose, sous ce dernier rapport, renvoient au système du quotient électoral, mais certainement pas au système actuel.

Quand la réforme sera admise, la question des arrondissements se représentera, mais sous un aspect absolument nouveau et dépouillée de toute son importance. Dès que la représentation sera proportionnelle, la barrière des arrondissements ne pourra plus annuler que des nombres extrêmement limités de suffrages, et on pourra consulter les intérêts de la pratique sans léser sérieusement aucun droit. Quand les électeurs des Eaux-Vives et de Plainpalais, par exemple, seront absolument certains d'obtenir des représentants, la question de les élire à Carouge ou à Chêne leur paraîtra secondaire. Le Conseil de l'Association réformiste a trouvé un avantage sérieux à ne soulever aucune question secondaire; c'est pourquoi il propose d'introduire la réforme, en maintenant les trois colléges actuels. L'essentiel est de changer le principe même de la représentation. Tous les citoyens qui ne s'accordent pas avec la majorité sont maintenant des parias politiques privés de représentants. Nous demandons que nul électeur ne reste sans représentant, sous la seule condition, imposée par la nature même des choses, que son suffrage se rencontre avec le nombre de suffrages nécessaire pour faire un député.

Le système actuel paraît injuste; le système nouveau paraît juste. La justice avance d'un pas lent dans le conflit des intérêts et des passions: mais elle avance. Le jour viendra, sans doute, où l'écrasement de toutes les opinions par le triomphe électoral d'un seul parti sera signalé par les historiens politiques comme un des caractères de l'ancienne barbarie. Contribuer à l'avènement de ce jour désirable serait à la fois pour Genève et un bienfait et un honneur.

Agréez, etc.

Le Président du Conseil de l'Association réformiste,

Ernest Naville.

Appendice III

LES ÉLECTIONS RUSSES.

(Extrait du *Réformiste* du 22 Avril 1869.)

Le 1er janvier 1864, le Souverain de la Russie, aprés avoir élevé au rang d'hommes libres vingt millions de serfs, a déposé sur le sol de son vaste empire le germe des institutions représentatives. La première idée de cette grande mesure remonte à Alexandre Ier, sur l'esprit duquel les institutions françaises avaient fait une profonde impression. Le sujet fut étudié, débattu, et un des hommes éminents de cette époque, Spéranski, rédigea un projet de représentation nationale, en prenant pour base les plans de Sieyes qu'il avait librement modifiés. Le projet n'eut pas de suite; il était réservé à l'empereur Alexandre II de suivre à la pensée d'Alexandre Ier, et de commencer sa réalisation.

L'empire russe est divisé en gouvernements qui sont divisés eux-mêmes en districts. Chaque gouvernement renferme de huit à dix districts environ. Jusqu'ici cette division était purement administrative. Sauf quelques priviléges de la noblesse, et certains droits municipaux, tout le pouvoir était exercé directement par l'empereur ou par ses délégués ; il n'y avait aucune initiative dans la nation. Par la loi de 1864, les districts et les gouvernements sont devenus des personnes morales qui ont des propriétés, peuvent contracter des engagements et faire valoir leurs droits en justice.

Des assemblées provinciales électives représentent les districts et les gouvernements. Ces assemblées sont élues pour trois ans, et sont renouvelées intégralement. Leurs délibérations sont publiques. Chaque assemblée élit une régence administrative chargée de suivre à l'exécution de ses décrets, et de veiller aux intérêts communs pendant l'intervalle des sessions. La régence des districts est de trois à cinq membres, celle des gouvernements est de sept.

Les assemblées prennent seules et sans contrôle les décisions qui n'entraînent pas une augmentation d'impôt, ou ne se trouvent pas en conflit avec l'administration générale de l'empire. Dans ces deux cas les décrets des assemblées doivent recevoir la sanction, tantôt du Gouverneur de la Province, tantôt du ministre de l'Intérieur. Le Gouverneur doit se prononcer dans le délai de sept jours ; le ministre dans le délai de deux mois. Le refus de sanction ne doit pas être arbitraire, mais motivé sur une infraction aux lois qui doit être indiquée. S'il y a contestation, l'affaire est portée au Sénat qui prononce en dernier ressort.

L'institution représentative est désignée, d'une manière générale, sous le nom russe de *Zemstwo*.

Le Zemstwo s'établit successivements dans les diverses portions de l'empire. Il a été institué en 1865 dans 19 gouvernements; en 1866 dans 9; en 1867 dans 2; son établissement était à l'étude en 1868 pour 9 gouvernements.

D'après quelle règle sont choisis les gouvernements par lesquels on commence, et ceux qui restent en arrière? La réponse se trouve dans des considérations politiques qui doivent rester en dehors de cette étude. Le fait général est l'établissement graduel de libertés locales, qui ne sont pas les mêmes dans tout le pays. C'est le seul moyen avoué par la raison, et compatible avec l'expérience, de conférer peu peu un pouvoir réel à la nation russe. Si l'on réfléchit à la nature de l'empire, à son immensité, aux degrés divers de culture des populations, on comprendra facilement que le développement de la liberté doit y être, par la nature des choses, inégal et graduel. On ne peut pas, on ne doit pas attendre pour accorder certains droits aux parties les plus avancées de l'empire, qu'on puisse accorder les mêmes droits à d'autres populations qui sont encore dans un état voisin de la barbarie. Autant qu'il m'est permis d'en juger (les jugements de cette nature sont toujours difficiles pour un étranger), la civilisation politique de la Russie ne saurait avoir d'ennemis plus dangereux que les imprudents amis qui rêveraient pour l'empire des Czars l'égalité immédiate des droits politique, et une représentation centrale procédant directement d'une élection populaire.

La compétence des assemblées de districts et de gouvernements ne s'étend pas jusqu'ici à des questions proprement politiques et aux matières de législation.

La mission de ces assemblées est de régir les propriétés communes, d'établir les voies de communication, de s'occuper de l'assistance publique, de prendre des mesures propres à favoriser le commerce, l'industrie, la santé publique, etc., etc. Elles touchent à l'ordre moral par leur participation à l'administration des écoles et des prisons. Ce sont donc particulièrement les intérêts économiques qui sont confiés au Zemstwo. Aussi est-ce la propriété qui est spécialement et même exclusivement représentée. Ce point de vue se manifeste très-positivement dans les dispositions suivantes :

Un même individu est électeur dans tous les districts et tous les gouvernements où il a des propriétés.

Les individus qui paient la vingtième partie ou plus du cens électoral, peuvent se réunir, dans le nombre nécessaire pour former le cens entier, et ils ont le droit de choisir un électeur.

Les mineurs sont représentés aux élections par leurs tuteurs ; les absents par des fondés de pouvoir.

Les femmes ne peuvent se présenter en personne aux élections; mais elles élisent par délégation.

Le biens de l'église donnent le droit électoral au clergé.

L'Etat, pour ses domaines, et la famille impériale pour ses apanages participent aux élections; mais dans une proportion fixée par la loi, et qui reste au-dessous de la valeur proportionnelle de leurs propriétés.

Il n'y a que deux exceptions au système de la représentation exclusive de la propriété ; deux cas, où l'idée de la personne intervienne dans le droit électoral. Pour élire il faut être russe, et libre de toute flétrissure judiciaire. Les biens des étrangers, et ceux des hommes marqués par la justice d'une note d'infamie restent privés de représentation.

Les assemblées de districts se composent d'un nombre de députés qui varie de 12 à 96. Lorsqu'il s'agit de nommer l'assemblée, tous les individus qui ne paient pas personnellement le cens électoral se réunissent d'abord et choisissent leurs délégués. Cette opération préliminaire étant terminée, l'élection des députés se fait en trois fois.

Les délégués des communes de paysans élisent leurs députés.

Les délégués des villes élisent leurs députés.

Les délégués des petits propriétaires et ceux du clergé, réunis aux grands propriétaires qui sont personnellement électeurs, élisent leurs députés.

Il y a donc trois classes d'électeurs qui opèrent séparément : les paysans dont la propriété est surtout communale et qui se réunissent sous la présidence du juge de paix; les habitants des villes qui se réunissent sous la présidence du maire; les propriétaires fonciers qui se réunissent sous la présidence du maréchal de la noblesse. Les députés de ces trois classes ont des droits égaux dans la délibération.

Les assemblées de gouvernements se composent d'un nombre de députés qui varie de 15 à 100. Elles sont élues par les assemblées de districts, sans distinction de classes. Chaque assemblée de district opère séparément, et choisit un nombre de députés qui est déterminé par la loi; chaque député est élu séparément à la majorité des suffrages.

Les assemblées de districts et celles de gouvernements ont une sphère d'action distincte; et il n'y a pas de subordination des premières à l'égard des secondes.

Tel est l'état actuel des élections russes. Le Zemstwo est le germe très-caractérisé d'institutions représentatives. Toutes les élections ont lieu d'après le système de la majorité, et il est manifeste qu'on pourrait leur appliquer facilement et avec grand avantage le principe de la réforme électorale.

Le Zemstwo règle des intérêts économiques d'une grande importance. Si l'on discute, par exemple, l'établissement d'une voie de communication, il est évident que toutes les parties du territoire ont le même droit à être entendues par le moyen de leurs représentants, et à défendre leurs intérêts.

On fait valoir, en faveur de la distribution des électeurs en classes diverses qui choisissent séparément leurs députés, l'idée que cette division prévient l'écrasement possible d'une classe par une autre. L'argument est bon. Sous le régime des majorités, la division des classes est un avantage réel. Supposons, par exemple, que l'élection faite à la majorité, par les délégués des paysans, laisse une partie d'un district sans représentant; il y a chance que ce territoire se trouve représenté par un député des propriétaires, et cette chance est avantageuse. Si l'on adoptait la réforme, l'élection étant proportionnelle, et la représentation de tous assurée, une classe ne pourrait plus être opprimée par une autre. On pourrait donc simplifier les opérations, en supprimant les classes, et abandonner une classification des électeurs qui ne résisterait probablement pas longtemps à la marche des idées contemporaines.

L'introduction du principe de la réforme en Russie aurait un autre avantage plus sérieux,

La violence des luttes électorales en Amérique et dans l'Occident de l'Europe; les manœuvres des chefs de partis qui créent dans les populations une agitation factice et des antagonismes artificiels, le fait si hautement proclamé par les réformistes est si évident en soi, que la représentation nationale est presque partout faussée: tout cela n'est pas de nature à favoriser en Russie le développement des institutions représentatives. Les arguments ne manquent pas aux adversaires de cette cause. Avec un système d'élection juste, pacifique, donnant pour résultat la pensée vraie de la nation, et non le triomphe de quelques meneurs, biens des craintes légitimes disparaîtraient. La réforme électorale hâterait donc probablement l'époque où le Zemstwo verrait étendre sa compétence et ses droits.

L'introduction de la réforme en Russie serait enfin singulièrement facilitée par le fait que les institutions représentatives étant à l'état de naissance, l'introduction du principe nouveau n'y rencontrerait pas les difficultés qui naissent ailleurs des vieilles habitudes, du calcul des intérêts et du jeu des passions. Une parole de justice et de paix sortie de la bouche du Souverain, établirait, dans l'empire, sans rencontrer de sérieux obstacles, des institutions justes et pacifiques. La question est ouverte. Sans franchir les bornes de la discrétion, je puis dire que l'idée de la réforme électoral a sérieusement attiré l'attention de plusieurs Russes qui sont placés de manière à exercer sur leur pays une grande et salutaire influence.

Appendice IV

—

LETTRE AU *Réformiste* SUR LES ÉLECTIONS DU DANEMARK

(Insérée dans le numéro du 23 décembre 1869).

Monsieur le Rédacteur,

On s'est fait une arme contre la réforme électorale, tant à Genève qu'à Neuchâtel, de l'affirmation que le Danemark, après avoir admis le système de la représentation proportionnelle, *y a renoncé ou est sur le point d'y renoncer*. Je crois être autorisé par les renseignements que j'ai reçus de Copenhague, et spécialement par une lettre du 8 décembre dernier, à dire que ces affirmations sont absolument inexactes. En admettant dans vos colonnes les lignes que j'ai l'honneur de vous adresser, vous offrirez à ceux qui ont involontairement propagé l'erreur l'occasion favorable et le moyen de rétablir la vérité.

Le seul document qui ait été produit, à ma connaissance, à l'appui des affirmations que je viens combattre est une lettre de M. Bille, homme politique et journaliste qui écrit à M. le professeur Desor: « les raisons qui ont conduit en Danemark à regarder avec peu de sympathie... » Suivent divers arguments contre la représentation proportionnelle. La phrase de M. Bille prête à l'équivoque. Signifie-t-elle: il y a des personnes *en Danemark* qui regardent le système proportionnel avec peu de sympathie? Il suffit pour justifier l'assertion que tel soit le cas pour M Bille et quelques-uns de ses amis politiques. En ce sens l'assertion est vraie par cela même qu'elle se produit. Mais, il semble qu'à Neuchâtel (et l'écho genevois a immédiatement répondu) on ait entendu la phrase dans ce sens fort différent du premier, et fort éloigné de la vérité: « *Le Danemark* regarde avec peu de sympathie... » La substitution de *le Danemark* à *en Danemark* si faible verbalement, mais si grosse de sens, doit être considérée, jusqu'à plus ample information, comme la source du petit échaffaudage qu'il importe de renverser.

Voici le résumé de renseignements précis et détaillés que je dois à l'obligeance de M. Andræ, ancien ministre d'Etat, aujourd'hui conseiller intime à Copenhague et auteur de la loi électorale de 1855. Vous notez bien qu'il ne s'agit pas de l'opinion de M. Andræ, naturellement favorable à la loi dont il est l'auteur, mais des faits qu'il est placé pour connaître mieux que personne et qu'il certifie.

Le Danemark a deux Chambres représentatives. La seconde Chambre est nommée par des colléges élisant chacun un député. Les candidats doivent se présenter personnellement devant les électeurs, exposer leurs vues et répondre à toutes les interpellations. Les paysans tiennent beaucoup à ce système, qui les met en relation directe avec les candidats, et qui rend les élections non pas justes, puisque les minorités de chaque collége sont battues, mais du moins vraies et personnelles. On n'a pas proposé d'appliquer le système proportionnel à la seconde Chambre. La réforme n'a concerné que la première Chambre qui était élue dans de grandes circonscriptions, en sorte que le principe de la proportionnalité pouvait s'y appliquer facilement, comme dans tous les pays où existent des colléges électoraux étendus et le scrutin de liste. Voici la série des faits.

En 1855, le roi, qui possédait à cette époque le pouvoir législatif, octroie le système proportionnel.

En 1863, la monarchie étant devenue sérieusement constitutionnelle, la loi est discutée dans les Chambres. Elle rencontre une vive opposition, mais est maintenue à une forte majorité.

En juillet 1866, le système proportionnel, qui n'était que dans la loi, est inscrit dans la Constitution, et on prononce à peine quelques mots à ce sujet [1].

On n'a fait dès lors aucune proposition législative ayant pour but de détruire ou de modifier le système établi, et les attaques publiques des anciens adversaires de la loi ont cessé.

Telle est la série des faits. La loi est octroyée par le roi, sans discussion parlementaire. Après huit an-

---

1 Article 40 de la Constitution: « L'élection des membres du Landsthing se fait selon les règles du système proportionnel. La loi électorale règle l'application de ce principe. »

nées d'expérience, elle obtient une forte majorité dans les Chambres. Après onze années d'expérience, elle est inscrite sans opposition dans le texte constitutionnel. Il y a des mécontents encore, mais les attaques publiques ont cessé. Quelques personnes *en Danemark* regardent la loi avec peu de sympathie; mais *le Danemark*, exprimant sa volonté par les deux Chambres de son Parlement, n'a pas renoncé et n'est pas sur le point de renoncer au système proportionnel.

Je ne joindrai qu'une seule remarque à cet exposé. La grande question de la réforme électorale soulève deux sous-questions:

1° Quel sera l'effet social et parlementaire de la représentation vraie? Le Danemark estime sans doute que cet effet est bon, puisqu'il maintient la loi aujourd'hui, après une expérience de quatorze années. Toutefois l'application incomplète de la réforme danoise ne permet pas aux réformistes qui ne veulent servir leur cause que par des arguments parfaitement solides, de se prévaloir de ce fait, au delà d'une certaine mesure.

2° Le système proportionnel peut-il s'appliquer pratiquement, ou bien est-ce une théorie abstraite, impossible où très-difficile à réaliser, comme on le dit à Neuchâtel, à Genève et ailleurs. *Ce ne sera pas en Danemark, où l'on a vu pendant une quinzaine d'années l'extrême facilité de son emploi, qu'on pourrait parler de la complication du système proportionnel*, écrit M. Andræ. *J'ai entendu dire que la représentation proportionnelle est impraticable; mais cette assertion m'a paru solidement réfutée par le fait qu'elle est pratiquée, sans que l'usage ait révélé aucune difficulté quelconque dans son mécanisme,* » écrivait à son gouvernement M. Lytton, secrétaire de la légation anglaise à Copenhague. Ajoutons, pour répondre à l'argument de la complication, si souvent employé, que le système de la liste libre proposé à Genève est plus simple que le système pratiqué en Danemark, et proposé à Neuchâtel avec quelques variantes.

Agréez, etc.

Ernest Naville.

Appendice V

—

LA RÉFORME ÉLECTORALE A NEUCHATEL.

(Article publié dans le *National suisse* du 14 décembre 1869 et dans l'*Union libérale* du 16 décembre.)

Le nom de Neuchâtel a désormais une place assurée dans les annales de la réforme électorale. La décision du Grand Conseil de ce canton a un sens précis, dont on chercherait en vain à amoindrir la portée.

La représentation proportionnelle est la représentation vraie.

Le quotient électoral est la base nécessaire de la proportionnalité.

Un projet de loi réalisant ces principes est digne d'une sérieuse étude.

Voilà ce qu'ont soutenu, pendant deux séances consécutives, les orateurs à l'opinion desquels la majorité de leurs collègues s'est rangée. Selon les paroles de M. Lardy, qui ont précédé la votation, le

Grand Conseil, sans voter le projet de loi, a proclamé la justice de son principe. La décision prise ne renferme rien de plus, mais rien de moins. Cela est considérable. Il ne peut plus être question d'opposer à la réforme l'idée que le quotient électoral est une théorie philosophique, une rêverie de cabinet. Si la formule n'était pas usée et déclamatoire, ce serait le cas de s'écrier : Honneur ! trois fois honneur aux députés neuchâtelois, qui, élus par le système actuel, qui leur a été personnellement favorable, ont eu un sentiment de la justice assez profond et une vue assez claire de l'intérêt de leur pays pour proclamer le principe nouveau.

Le succès a été obtenu par la coalition de deux partis politiques. Mais c'est là une coalition exceptionnelle, qui ne suppose aucun compromis fâcheux, aucune altération du sentiment de l'honneur. Les coalitions ordinaires ont pour caractère l'abandon de certains principes, pour but, l'écrasement d'un adversaire commun. Il s'agissait ici de se liguer, sans renoncer à aucun principe, à aucune conviction, dans le but unique d'obtenir justice pour tous, pour ses adversaires comme pour soi-même. C'est une coalition parlementaire juste et bienfaisante, dont le résultat doit être de détruire à toujours les funestes coalitions électorales.

La victoire obtenue par le principe de la réforme emprunte un éclat particulier au fait que ce principe s'est présenté sous la forme d'un projet de loi assez compliqué.

Voici ce projet en substance :

Le canton est divisé en six colléges (c'est la division préférée par la commission, qui en propose parallèlement une autre). Il y a 93 députés à élire; c'est donc en moyenne 15 à 16 députés par collége, nombre excellent pour appliquer la réforme.

Chaque électeur inscrit sur son bulletin de vote, et, selon l'ordre de sa préférence, un nombre de candidats égal au nombre des députés de son collége.

Le dépouillement se fait selon le système du quotient électoral pur. Chaque bulletin ne compte que pour un seul candidat, pour le 1er d'abord, pour le 2e, si le premier est déjà élu, et ainsi de suite. Les bulletins attribués à chaque candidat sont conservés sous son dossier.

Pour les élections complémentaires, on opère un dépouillement des bulletins de tout le canton. Sont élus : *a*) les candidats qui ont obtenu dans tout le canton un nombre de suffrages égal au *quotient électoral moyen* de tous les colléges ; *b*) les candidats qui, sans avoir obtenu le quotient, ont réuni, dans tout le canton, le plus grand nombre de voix.

Pour les élections de remplacement, on reprend les bulletins attribués au député qu'il faut remplacer, on les dépouille en prenant le nom qui suit celui de ce député; et en tenant compte des voix accordées aux candidats dans tout le canton, lors des élections primitives. La pluralité des suffrages décide.

Tel est le système. Je me hâte de dire qu'il est juste, libéral, très-conforme aux principes, et qu'il ne présente aucune difficulté sérieuse pour la pratique, mais il est compliqué.

Avant qu'il soit mis en pratique, il faut qu'il soit

adopté, et c'est ici que la complication peut nuire. Ce qui est devenu clair pour une commission d'hommes intelligents et zélés, travaillant pendant des semaines, deviendra-t-il facilement et promptement clair pour la majorité d'un Grand Conseil ? Si oui, tout sera pour le mieux. Si non, il faudrait éviter qu'on ne repoussât la réforme sous l'influence d'objections élevées contre quelques détails de son application. Si la majorité du Conseil neuchâtelois paraît disposée à adopter une loi qui, au prix de quelques complications, établit la pleine liberté électorale, il n'y a rien à faire qu'à se réjouir d'un si notable succès. Si la majorité, favorable au principe de la réforme, reculait devant un projet qu'elle trouverait trop compliqué, il serait peut-être opportun de modifier le projet au prix de quelques concessions faites à l'amour du simple. Ne jamais transiger avec les principes est la règle de la morale individuelle, Faire des concessions pour obtenir les adhésions nécessaires à toute décision collective, est la loi imposée à une action sociale pour qu'elle devienne efficace.

Qu'est-ce qui complique le projet neuchâtelois ? Avant tout, la présence d'un *quotient électoral moyen*. Il y avait deux systèmes simples : 1° Le vote en collége unique pour tout le canton ; 2° le vote dans des colléges d'arrondissements fermés. Il n'y avait ainsi qu'un seul quotient : ou celui du canton ou celui des colléges. La commission a reculé, avec raison, devant le collége unique, qui exigeait de l'électeur une liste de 93 candidats. Elle n'a pas voulu fermer les colléges, par respect pour la pleine liberté individuelle de l'électeur. De là un système mixte produisant le double quotient qui, pour être bien compris, demande de la réflexion, une assez grande connaissance de la théorie électorale, et offre prise à l'adversaire qui crie à l'obscurité. En fermant les six colléges, on apporterait une faible limite à la liberté des électeurs; et il serait facile d'ailleurs de lever la barrière, plus tard, en accordant une certaine latitude pour la fixation du domicile électoral. Cette mesure ferait disparaître de la loi le quotient électoral moyen, avec les complications qu'il entraîne. Le projet deviendrait plus simple. Si ce n'était pas assez, il y aurait moyen de le simplifier encore, sans renoncer à son principe fondamental.

Après le double quotient, qu'est-ce qui donne lieu aux objections des amis de la simplicité? 1° les élections complémentaires; 2° les élections de remplacement. On s'élève aussi contre le rôle du hasard qui résulte inévitablement de l'influence exercée par l'ordre du dépouillement des bulletins dans le système du quotient. Cette dernière objection n'a aucune valeur sérieuse. Ceux qui l'opposeraient à la réforme, *dans le sens du maintien du système actuel,* ne pourraient établir leur bonne foi qu'en fournissant la preuve de leur distraction; mais elle frappe à première vue, même des esprits impartiaux.

Les élections complémentaires, les élections de remplacement, l'influence du passage des bulletins soulèveraient-elles des difficultés qui risqueraient de compromettre la cause de la réforme? On peut faire tomber, par une mesure unique, les trois objections. Comptez les suffrages, non à des candidats individuellement, mais à des listes par ordre de préférence, et attribuez à chaque liste un nombre de députés proportionnel au nombre des suffrages qu'elle aura réunis. Vous obtenez avec certitude la députation complète par une opération unique et un seul mode de dépouillement. Il n'y a plus d'élections complémentaires; les remplacements sont fixés d'avance, et l'ordre du passage des bulletins n'a plus aucune influence. Vous avec établi la proportionnatité de la représentation, et la pleine liberté pour tout groupe d'électeurs en nombre égal au quotient. Il ne reste qu'une limite à la liberté purement individuelle de l'électeur, qui doit se ranger à une liste assurée de réunir le quotient électoral. Quand le système serait établi, il serait très-facile, une fois l'opinion habituée au principe nouveau, de détruire cette limite et de passer au système du quotient pur. En effet, les colléges resteraient les mêmes, la votation se ferait de même; il n'y aurait absolument rien à changer que le mode du dépouillement.

Devant ce système absolument simple, les objections tirées de la complication des procédés s'évanouissent. Le principe de la proportionnalité se présente seul, dégagé de toute difficulté pratique, ce principe, qui fait et continuera à faire son chemin dans l'opinion publique de l'Europe et du monde, parce qu'il est clair pour le sentiment de la justice, clair comme la lumière de midi, en un beau jour d'été.

Ce système simple a été conçu simultanément, et sans entente mutuelle, par M. Jacottet et par les réformistes genevois. Il a reçu le nom de système de la *liste libre.* M. Jacottet l'a formulé dans un avant-projet présenté à la commission neuchâteloise. M. Du Pasquier a présenté un autre avant-projet (le projet de loi actuel) qui a paru « évidemment préférable » à M. Jacottet lui-même et à ses collègues. Le terme *préférable* peut recevoir deux sens différents. Sans contredit, le plan de M. Du Pasquier réalise plus complétement la théorie des élections représentatives, puisqu'il établit la pleine liberté de l'électeur. Il est donc théoriquement préférable ; et, quoi qu'il arrive, M. Du Pasquier aura rendu le grand service, ou de faire adopter une loi juste et libérale, ou de montrer clairement, dans la liberté pleine et le procédé pur du quotient, le résultat définitif auquel doit aboutir la réforme. Mais si la majorité du Conseil neuchâtelois, bien que favorable au principe de la réforme, était arrêtée par les complications dans lesquelles entraîne la recherche de la liberté complète, le plan de M. Jacottet aurait plus de chances d'être adopté, et, dans ce sens, il serait pratiquement préférable, puisqu'il amènerait pour la cause de la réforme un progrès immense qui préparerait, loin de l'entraver, un progrès ultérieur et définitif. C'est, du reste, le cas de répéter la bonne déclaration faite par M. Stuart-Mill à la Chambre des Communes d'Angleterre : L'essentiel est l'introduction du principe nouveau, du principe juste dans les lois électorales. Quant au principe de son application, tout réformiste que n'anime pas un esprit sectaire abandonnera volontiers le plan qui lui semblait préférable pour un autre qui serait démontré meilleur.

Appendice VI

L'ALÉATOIRE. — RÉPONSE A UNE OBJECTION.

(Extrait du *Réformiste* du 17 mars 1870).

« Le défaut capital du quotient, l'ALÉATOIRE! » disait naguère un journal hostile à la réforme électorale. Comme on a fait grand bruit du rôle du hasard dans le dépouillement qui résulte du projet de loi de Neuchâtel, il ne sera pas hors de propos d'étudier sérieusement:

La nature et la portée du fait;

Son origine;

Les moyens de remédier à l'inconvénient signalé.

I

Supposons deux groupes de bulletins, dont les uns portent les candidats A, B, et les autres les candidats A, C. Supposons encore que ces groupes de bulletins se présentent compactes au dépouillement. Si les bulletins A, B passent les premiers, ils feront élire A, et les bulletins A, C qui viendront ensuite, trouvant A élu, feront élire C. Si au contraire les bulletins A, C passent les premiers, ils feront élire A, et les bulletins A, B qui viendront ensuite trouvant A élu, feront élire B. L'élection de B ou de C dépend donc de l'ordre du passage des bulletins; c'est un élément aléatoire. Ce fait a été signalé, dès 1866, à l'Association réformiste de Genève, lorsqu'elle a mis en délibération le système du quotient électoral appliqué selon le procédé spécial de M. Rivoire: le dépouillement immédiat du scrutin. Ce sont les Réformistes qui, par une exposition loyale et complète du sujet, ont placé aux mains des adversaires de leur cause une arme dont ceux-ci se sont emparés et qu'ils ne laissent pas oisive.

Le fait est constant. Quelle est sa portée ? Si ce n'est pas le cas de dire, avec Shakespeare : « Beaucoup de bruit pour rien, » c'est au moins le cas de dire : Beaucoup de bruit pour peu de chose. Dès que les bulletins doivent être mêlés avec soin (tous les projets de loi proposés sur la matière renferment cette prescription), la supposition du passage de deux groupes de bulletins compactes est inadmissible. Le mélange de bulletins admis, si l'on soumet au calcul des probabilités l'influence possible du hasard sur le le résultat total d une élection, on reconnaît que cette influence est très-faible. Mais laissons de côté les considérations de cet ordre, et admettons, sans restrictions ni réserves, la supposition la plus défavorable. Observons que les bulletins à l'occasion desquels peut se produire le fait signalé sont des bulletins qui ont un premier candidat commun. Sous le régime de la majorité, un panachage politique, né d'un esprit de modération ou d'équité, peut engager l'électeur à faire une part à l'adversaire; mais sous le régime de la représentation vraie, chacun n'a d'autre souci que de choisir ses vrais représentants, parce qu'il sait que les autres obtiendront équitablement les leurs. *Les bulletins qui ont un premier nom commun appartiennent donc à des groupes de la même opinion.* Nous sommes donc en présence des faits que voici : Chaque électeur a usé de son pouvoir électoral d'une manière efficace et a obtenu, ou le député qu'il désirait en première ligne, ou, celui-ci se trouvant élu, celui qu'il avait librement désigné pour le remplacer. Tous les groupes d'électeurs ont obtenu leur part proportionnelle de représentation. Que reste t-il? Selon les chances fortuites de l'ordre du passage des bulletins, et dans une supposition extrême, M. A. et M. B. qui appartiennent à la même opinion, seront élus l'un ou l'autre. Le fait est possible, mais il n'est pas très-grave.

II

Quelle est l'origine du fait? La désignation faite par l'électeur de candidats éventuels, pour le cas où son premier candidat se trouverait élu. Les réformistes de New-York coupent la difficulté par la racine, en supprimant les candidatures éventuelles.

Dans leur système, chaque électeur dépose un seul nom dans l'urne, et chaque candidat siége dans le Parlement avec un nombre de votes proportionnel au nombre de suffrages qu'il a réunis. Un député a un vote parlementaire, un autre trois, un candidat très-populaire en aura quinze. De la sorte, plus de candidats éventuels à désigner, et, par conséquent, plus rien d'aléatoire. Mais ce système soulève de graves objections, même en Amérique, et on paraît d'accord qu'il ne saurait être proposé dans notre pays. On n'autorise donc pas les électeurs à choisir pour leur représentant un candidat déjà choisi par d'autres. C'est cette limite apportée à la liberté de l'électeur, dans l'intérêt de la chose publique, et par des considérations tirées des convenances de la délibération parlementaire, qui exige la désignation de candidats éventuels. Si chacun désigne librement ses candidats éventuels, l'influence de l'ordre du passage des bulletins se manifeste : l'aléatoire paraît. Ce n'est pas le résultat d'un procédé spécial, c'est la conséquence forcée de la nature même des choses. Prenez la loi danoise, le plan de M. Thomas Hare, le projet de M. Rivoire ; choisissez un procédé quelconque qui applique le système du quotient, c'est-à-dire l'élection personnelle, vous y trouverez toujours l'influence possible sur le résultat de l'opération de l'ordre du passage des bulletins, ou des électeurs, si l'élection se faisait de vive voix. Les auteurs des divers projets conçus sur la base du quotient ont tous constaté le fait, et ils ont tiré de cette observation la seule conséquence légitime, en prenant les mesures nécessaires pour prévenir, quant à l'ordre du dépouillement, toute intervention intentionnelle constituant une manœuvre. Quant à prévenir le fait lui-même, cela ne se peut, tant que les candidats éventuels seront librement désignés (c'est ici la clé de toute cette discussion) ; *l'élément aléatoire de l'élection est la conséquence inévitable de la libre désignation des candidats éventuels.*

III

Puisqu'il en est ainsi, comment supprimer l'aléatoire ? Il y a deux manières de le faire. La première est de supprimer les candidatures éventuelles, en adoptant le plan proposé à New-York du cumul des votes parlementaires. Si le remède paraît trop héroïque, il ne reste d'autre issue que de limiter l'action de l'électeur dans la désignation des candidats éventuels. Tel est le caractère du procédé de la liste libre. Dans le système pur du quotient, l'électeur désignant ses candidats, selon l'ordre de sa préférence individuelle, peut se rencontrer successivement avec divers groupes électoraux. Si son premier candidat est élu déjà, son second suffrage va chercher un autre groupe formé sur son second candidat. Dans le système de la liste libre, il faut qu'il se lie à un même groupe, non-seulement pour son premier candidat, mais pour ses candidats éventuels. Le principe fondamental de la réforme est réalisé, puisqu'un groupe électoral est absolument certain d'obtenir un député; mais la liberté, qui demeure pleine et entière pour le candidat principal, est limitée pour les candidats éventuels. Dès lors, les suffrages étant comptés aux listes et non aux candidats individuellement, l'ordre du dépouillement n'a plus et ne peut avoir aucune influence quelconque. « Dans notre système, disait le journal neuchâtelois, qui se plaint de l'aléatoire, le résultat du dépouillement *ne change jamais*, parce qu'on additionne, du premier coup, tous les suffrages de toutes les listes. » Ceci est vrai du système de la liste libre : et, si l'on veut établir la représentation vraie, et proscrire l'aléatoire, il faut en venir là ; mais ce n'est pas le but auquel tend le journal en question.

La liste libre remédie donc à l'inconvénient de l'*aléatoire*, en apportant une limite à l'action individuelle de l'électeur. Au point de vue des principes, et en restant en dehors du cercle des convenances locales et temporaires, il est permis de penser, et je le pense, que le remède est pire que le mal. Le procédé pur du quotient est le but définitif auquel doit tendre la réforme ; la pleine liberté de l'électeur est un bien que ne balance pas l'inconvénient du rôle du hasard, qui est fort petit lorsqu'on voit la chose de près. Mais, enfin, si le rôle du hasard dans le dépouillement est une objection sérieuse, pour les esprits ouverts à la recherche de la vérité, et non pas seulement une petite machine de guerre, l'objection peut être facilement levée : il suffit d'adopter la liste libre ; la représentation vraie sera établie et « le défaut capital du quotient » aura disparu. Mais entendrait-on faire de la présence de l'élément aléatoire un argument en faveur de l'état de choses actuel et conclure au maintien du principe électoral de la moitié plus un? Ceci est affaire de comparaison; comparons :

Dans le système actuel, la moitié moins un des électeurs d'un collége peuvent perdre leurs suffrages et n'avoir aucune part à la représentation. Un grand parti tout entier peut ne pas obtenir un seul député dans le Conseil de la nation. Dans le système nouveau, tous les suffrages étant efficaces, et tous les groupes d'électeurs ayant obtenu une part proportionnelle de représentation, une chance fortuite peut remplacer un député par un autre député de *la même opinion*. Telles sont les données à comparer. — La poutre et la paille.

Appendice VII

—

Les élections anglaises de 1868.

(Extrait du *Réformiste* du 4 février 1869.)

Les dernières élections de la Chambre des Communes ayant eu lieu après un bill de réforme, offrent une base nouvelle d'observation pour la théorie du système représentatif. Ces élections ont présenté les trois caractères suivants :

Le principe de la majorité a été maintenu en général.

Un essai partiel a été fait pour la représentation des minorités.

Le droit de suffrage a été étendu, et de nouvelles catégories d'électeurs appelées au scrutin.

I.

Le principe de la majorité ayant été maintenu, la lutte s'est ouverte, comme ci-devant, entre deux partis seuls en présence. D'un bout du pays jusqu'à l'autre, les députés sont sortis de l'urne avec l'étiquette L (libéral) ou C (conservateur). Avant la réunion du Parlement, on a compté les députés d'un parti ou de l'autre. L'élément de la représentation *locale* a donc cédé le pas, en Angleterre, à la représentation *politique*. Les membres élus pour le Parlement sont beaucoup moins les délégués de telle ou telle ville, de tel ou tel comté, que des hommes qui marcheront sous l'une ou l'autre des bannières rivales déployées à Londres. Ce qui le prouve, c'est non-seulement le fait que les candidats sont tous marqués du timbre L ou C, mais encore le fait que tel candidat se présentera dans plusieurs localités, et parfois dans des localités qui l'ignorent et qu'il ne connaît pas. On présente l'homme du parti aux adhérents que le parti compte, et achète au besoin, ici ou là. Les intérêts locaux, loin d'être la base vraie de la représentation, ne sont que des instruments dont on use, ou, pour employer une expression vulgaire, des *ficelles* que tirent les meneurs de chaque opinion.

Dès qu'il en est ainsi, dès que la base de la représentation est, en fait, l'opinion politique, parce que l'unité politique est réalisée dans le pays, la division des électeurs en deux partis seulement, division qui résulte inévitablement du système des majorités électorales, répond-elle à la vérité des choses ? Il ne le paraît pas. Il existe certainement, ou, si l'on trouve l'assertion trop absolue pour un étranger, il existe probablement en Angleterre des groupes d'électeurs nombreux, importants, dignes de se faire entendre dans la délibération des affaires publiques, qui désireraient des représentants à eux, et qui, jetés de force dans les cadres de deux partis seuls en présence, sont réduits à faire des compromis qui leur répugnent, à entrer dans des coalitions plus ou moins contre nature. La nécessité de choisir entre L et C quand on voudrait choisir X, Y ou Z, doit être pour nombre d'électeurs une vraie camisole de force.

II.

La Chambre des Lords, dans une discussion qui restera mémorable, a proclamé le principe de la réforme, le principe que toutes les opinions, tous les intérêts doivent obtenir une part équitable de représentation, de telle sorte que le Conseil élu renferme, avec leur degré d'importance relative, tous les éléments du corps électoral. Le principe posé, on a voulu l'appliquer, dans la mesure où le permettaient les circonstances, en accordant un représentant à la minorité dans les colléges ayant trois ou quatre députés à élire. Pour atteindre le but, le Parlement a décidé que pour l'élection de trois députés, chaque électeur n'écrirait que deux noms. On pensait ainsi qu'une minorité aurait toujours le moyen d'avoir un représentant. Ce procédé, soumis à l'examen des hommes qui s'occupent spécialement de la théorie électorale, a été signalé immédiatement comme défectueux. M. Antoine Morin, en particulier, dans sa brochure sur la *Question électorale à Genève*, avait démontré : 1° que, dans ce système, une minorité d'un tiers d'électeurs, peut demeurer sans représentant, et qu'un représentant n'est assuré qu'à une minorité dépassant les deux cinquièmes des électeurs ; parce que la majorité peut se scinder artificiellement et créer une minorité factice qui exclut la minorité véritable ; 2° qu'un faux calcul de la majorité voulant s'assurer toute la représentation, peut très-facilement faire passer la majorité des représentants à la minorite des électeurs. La première partie de cette prévision a été confirmée par les faits. A Birmingham et à Glascow la minorité n'a pas obtenu de députés ; les trois représentants ont été acquis à la majorité seule. Si le système était généralisé et mis longtemps en usage, on verrait sans doute la seconde partie de la prévision se justifier également. Le principe de la représentation des minorités porterait atteinte aux droits de la majorité, qui expierait un faux calcul par la perte de sa part légitime d'influence. Le système de la *liste libre* parerait à cet inconvénient. Appliqué à des colléges nommant trois députés (ce qui ne permet que la représentation de deux opinions, et ne réalise pas les bienfaits de la réforme qui exige des colléges plus étendus), ce système assurerait du moins un représentant au tiers des électeurs, et ôterait ainsi à la majorité la tentation de faire des calculs qui risquent de lui enlever sa juste part de représentation.

III

M. de Tocqueville a signalé, avec grand éclat, la

tendance de la démocratie à abaisser le niveau intellectuel et moral des législatures, en éloignant de la vie publique les hommes les plus indépendants de caractère et les plus riches d'idées. MM. Thomas Hare et Stuart Mill ont fait observer depuis longtemps que ce n'est pas là le résultat de l'extension du droit de suffrage, mais d'un système vicieux d'élection, qui n'ouvre la porte du conseil élu qu'aux hommes qui réussissent à devenir populaires dans une localité, et qui n'atteignent souvent ce but que par la banalité de leurs pensées et l'absence de dignité personnelle.

Dans une réunion publique, tenue à Londres le 21 mars 1868, M. Simon Sterne, de New-York, a traité la question avec le noble courage d'un homme qui met les intérêts du genre humain au-dessus de la vanité nationale. « Votre Chambre des Communes, a-t-il dit aux Anglais, est un objet d'admiration et d'envie pour nombre d'Américains. Vous êtes conduits par le mouvement de la société moderne à étendre le droit de suffrage. Si vous étendez le droit de suffrage sans réformer le principe des élections, sans assurer des représentants à toutes les classes de citoyens, si vous multipliez les électeurs en gardant le système de la majorité, vous prendrez la voie de l'Amérique, et vous verrez votre législature privée peu à peu de la partie la plus cultivée et la plus intelligente de la nation. » M. Stuart Mill avait parlé dans le même sens à la Chambre des Communes, au mois de mai 1867.

La prévision était claire, précise, motivée; la confirmation n'a pas été longtemps attendue; et il y a ici un fait bien digne d'être observé par les hommes qui dénigrent et rejettent, en matière politique, l'application des théories raisonnées. Le nombre des électeurs anglais a été augmenté, et le principe de la majorité maintenu. Qu'est-il arrivé? Les candidatures un peu accentuées, dans tous les sens, ont mal réussi. La nouvelle Chambre des Communes se trouve privée de plusieurs hommes dont l'exclusion est généralement reconnue comme regrettable. Cette appréciation, transmise à l'Association réformiste de Genève par un de ses correspondants anglais, pourra sembler suspecte en raison de son origine. Ouvrez don la *Revue des Deux-Mondes* du 15 décembre 1868, vous y verrez la même appréciation appuyée de faits et de noms propres. Vous y apprendrez que l'impression produite par la dernière opération électorale a été rendue par cette parole acerbe: *Le nouveau Parlement est remarquable par son insignifiance.* La prévision et le fait se présentent ainsi dans un parfait accord. L'extension du droit de suffrage avec le maintien du système électoral actuel a eu pour effet d'appauvrir la Chambre des Communes.

Pour les hommes qui veulent s'instruire à la grande école de l'expérience, les dernières élections d'Angleterre renferment donc ce triple enseignement:

1° La lutte exclusive de deux partis, qui résulte forcément du principe des majorités, fausse la représentation du peuple anglais, et ne permet pas aux divers éléments de la vie nationale de se manifester.

2° La mesure adoptée pour la représentation des

minorités (dont on ne saurait trop louer l'intention) est en elle-même un palliatif insuffisant qui ne saurait tenir lieu d'une vraie réforme, même dans le cas où la mesure serait généralisée.

3° Si l'Angleterre n'adopte pas et ne réalise pas sérieusement le principe de la représentation vraie, elle dérivera de plus en plus vers les écueils trop connus de cette fausse démocratie qui abaisse les parlements et les peuples.

Appendice VIII

—

Le projet de réforme en Illinois.

N. B. Cette étude, publiée dans le *Réformiste* du 5 mai 1870, deux mois avant le vote du peuple de l'Illinois sur la Constitution, a été traduite dans le journal *The Chicago Tribune* du 6 juin 1870.

La loi électorale actuellement soumise aux délibérations de la Constituante de l'Illinois établit les règles suivantes :

L'Etat sera divisé en districts ayant à élire chacun trois députés.

Chaque électeur disposera de trois suffrages qu'il pourra, à son gré, répartir entre deux ou trois candidats, ou cumuler sur un seul. Il pourra donner un suffrage à trois candidats; deux à un candidat et un à un autre, un suffrage et demi à deux candidats, ou enfin trois suffrages à un même candidat.

Les trois candidats qui auront réuni le plus grand nombre de suffrage seront déclarés élus.

Ce système assure la représentation d'un groupe

dépassant le quart des électeurs d'un collége. Supposons, en effet, 4,001 électeurs. Un groupe de 1,001 électeurs cumulant ses votes sur un seul candidat lui donnera 3,003 suffrages. Or, ce candidat sera certainement élu, puisque les autres électeurs étant au nombre de 3,000, et ne disposant que de 9,000 suffrages, ne pourraient accorder plus de 3,000 suffrages à trois députés. Ils ne pourront donc en obtenir que deux. Le résultat est le même quels que soient les nombres supposés, ainsi qu'il est facile de s'en assurer par une notation algébrique.

En assurant la représentation d'un groupe contenant un peu plus du quart des électeurs, le système permet que, avec trois députés, trois partis se fassent représenter. En effet, en reprenant la supposition précédente, deux partis de 1,001 électeurs pourront donner chacun 3,003 suffrages à un candidat, tandis que les 1,999 autres électeurs, avec leurs 5,997 suffrages, ne pourraient donner à deux candidats que 2,998 suffrages; ils ne pourront donc obtenir qu'un seul député.

La lutte de deux partis exclusifs est donc supprimée; un tiers-parti peut se produire et obtenir un représentant, pourvu qu'il renferme un peu plus du quart des électeurs. Le système est donc infiniment préférable au procédé du *vote limité*, qui laisse deux partis seuls en présence, et n'assure la représentation qu'à un parti dépassant les deux cinquièmes des électeurs. Il établit la proportionnalité autant qu'on peut le faire avec les colléges n'ayant à élire que trois députés chacun.

Tel est le côté fort du projet de l'Illinois; il réalise la pensée fondamentale de la réforme, la substitution du libre concours de plusieurs partis à une guerre qui amène le triomphe d'un seul. Voici ses côtés faibles :

En premier lieu, le système ne laisse se former utilement que trois groupes électoraux. C'est trop peu pour répondre à la division vraie de la société politique. Des idées importantes, des intérêts graves dont l'influence législative serait utile à la marche de l'Etat, peuvent se trouver éliminés de la représentation. Bien des électeurs, et souvent les plus désintéressés, les plus intelligents, se trouveront encore à l'étroit dans un système qui ne laissera que trois groupes se présenter utilement au scrutin. Il faudrait au moins cinq à sept députés par collége pour donner au Corps électoral le sentiment d'une vraie liberté de choix, et des colléges ayant à désigner de 15 à 20 députés chacun seraient encore préférables. L'unité de collége pour tout un pays est l'idéal théorique de la réforme, ainsi que l'ont fort bien établi M. de Girardin et M. Thomas Hare. Cet idéal théorique doit être sacrifié, sans aucun doute, aux exigences de la pratique; mais plus on réduit les colléges, plus on entame la liberté de l'électeur.

En second lieu, le système exige de la part des directeurs de l'élection des calculs assez compliqués et qui peuvent renfermer des chances d'erreur. Lorsqu'un parti porte une liste complète de candidats et obtient un nombre de députés proportionnel au nombre des suffrages, l'opération est simple en elle-même et certaine dans son résultat. Mais dans le système de l'Illinois, si un parti qui ne peut obtenir qu'un représentant divise ses suffrages en les accordant à deux candidats, il risque de perdre sa part légitime de représentation; et, d'autre part, on peut prévoir, théoriquement au moins, un cumul de tous les votes sur un ou deux candidats seulement, ce qui laisserait la députation incomplète. Il faut donc que les chefs des partis supputent d'avance leurs chances; et les calculs nécessaires à cet effet peuvent être trompeurs.

En troisième lieu, même en supposant des chances justement calculées, la proportionnalité n'est pas établie exactement. En effet, un très-grand nombre de suffrages peuvent être superflus. Dans notre supposition de 4,001 électeurs, on a vu que 1,001 électeurs pourront obtenir un député, et que 1,999 n'en auraient également qu'un, de telle sorte que, sur 1,999 suffrages, 998 resteraient sans effet sur le résultat du scrutin. C'est la perte de ces suffrages superflus qui fait la valeur réformatrice du système, en permettant à un quart seulement des électeurs d'obtenir un député sur trois, et en laissant ainsi un tiers-parti parvenir à la représentation; mais la proportionnalité est rompue. La part des suffrages qui peuvent rester superflus augmente dans la proportion inverse de l'étendue des colléges. Avec trois députés, les suffrages superflus peuvent atteindre un quart des votants; avec quatre députés, ce serait seulement un cinquième, avec cinq députés, un sixième...

La proportionnalité est rompue, et rompue *en faveur des minorités*. Ceci est d'un favorable augure pour l'avenir. Si le projet de l'Illinois devient loi et se trouve mis en pratique, il sera fort simple de remarquer qu'il fait une part trop large aux minorités. C'est un retour des choses d'ici-bas; mais les majorités électorales en souffrance ne trouveront pas que ce soit un *juste* retour. Elles seront conduites tout naturellement à réclamer en leur faveur cette justice distributive qu'elles sont si disposées à refuser, maintenant que la balance est tout à fait faussée à leur avantage. Or la justice distributive vraie ne peut résulter que de l'institution de colléges d'une assez grande étendue, et de l'établissement direct de la proportionnalité, par un système analogue à celui que Genève vient de refuser, ou à celui que Neuchâtel va discuter.

Il résulte des considérations précédentes que, bien que le projet actuellement soumis aux délibérations des législateurs de Springfield ne soit pas à l'abri de toute objection, il constituerait toutefois un succès éclatant pour la cause de la réforme. Il détruirait immédiatement le principe faux et funeste des majorités électorales. Les déficits que nous avons signalés résultent d'une recherche de la simplicité pratique à laquelle on a sacrifié, dans une large mesure, la réalisation complète de la théorie. Cette simplicité favorisera probablement l'adoption du projet et le rend peut-être ainsi le meilleur possible, dans des circonstances données. Lorsque le projet, devenu loi, serait mis en pratique, le sentiment de ces déficits amènerait par des voies naturelles l'établissement d'une représentation plus complétement juste, c'est-à-dire plus exactement proportionnelle.

Le projet de loi de l'Illinois réaliserait donc un progrès considérable et préparerait un progrès plus grand encore.

POST-SCRIPTUM

M. Simon Sterne, secrétaire de l'Association réformiste de New-York, vient de publier un volume qui est parvenu à Genève depuis la rédaction de ce rapport.

Ce volume, intitulé: *On representative Governement and personal representation.* — Philadelphia, Lippincott et C°, 1871, doit être signalé comme une adjonction de première importance à la bibliographie de la réforme électorale.

TROISIÈME PARTIE

PRATIQUE

DE LA

REPRÉSENTATION PROPORTIONNELLE

PROPOSÉE

PAR

L'ASSOCIATION RÉFORMISTE

DE GENÈVE

AVERTISSEMENT

L'Association réformiste avait proposé, en Mai 1867, le système suivant: désigné sous le titre de Système de la libre concurrence des listes, ou, par abréviation de *la liste libre*:

Des partis, en nombre indéterminé, proposent chacun une liste de candidats, en nombre égal au nombre des députés à élire.

Les candidats sont rangés sur les listes par ordre de préférence.

Les suffrages des électeurs sont comptés aux listes, et non aux candidats individuellement.

Chaque liste obtient un nombre de deputés proportionnel au nombre de suffrages qu'elle a réunis.

INTRODUCTION

—

Rapport présenté à l'Association réformiste

le 30 Mars 1871

La revue générale du mouvement réformiste dans le monde fait reconnaître, à des signes manifestes, les progrès rapides de notre cause. Cette revue a, de plus, l'avantage de signaler les voies diverses qui se sont offertes à la pensée des publicistes et des législateurs pour réaliser le principe de la représentation vraie. Le nombre des travaux a été si grand que toutes les voies possibles paraissent avoir été signalées et explorées ; et nous avons à recueillir, pour les mettre à profit, les résultats d'une étude faite dans toutes les parties du globe, par des hommes de toutes les opinions.

Les plans de réforme proposés supposent tous des colléges élisant plusieurs députés, parce que pour une élection unique la loi de la majorité est nécessairement maintenue. Ces plans forment un nombre considérable de procédés divers, mais plusieurs de ces *procédés* sont de simples variantes d'un même *système*, parce qu'ils réalisent, avec quelques modifications de détail, le même principe fondamental.

Les systèmes peuvent être réunis en deux classes, celle des systèmes *empiriques* et celle des systèmes *rationnels*.

Systèmes empiriques.

Les systèmes empiriques cherchent à établir la représentation des minorités, sans se préoccuper du caractère proportionnel de cette représentation. Ils sont au nombre de trois.

PLURALITÉ SIMPLE. — L'électeur dépose dans l'urne le nom d'un seul candidat. Sont élus, dans le nombre voulu, les candidats qui ont obtenu le plus grand nombre de suffrages. Un minimum peut être fixé. Ce système a été proposé, en France, depuis longtemps, par M. Emile de Girardin et, en dernier lieu, par M. le baron de Layre.

VOTE LIMITÉ. — L'électeur inscrit sur son bulletin un nombre de candidats moindre que celui des députés à élire, les deux tiers ou les trois quarts, par exemple. Les candidats qui obtiennent le plus grand nombre de suffrages sont élus. Un minimum peut être fixé. Ce système a été établi et pratiqué en Angleterre pour les colléges nommant trois députés. Il a été proposé, à Genève, par M. Mayor (à la sollicitation de M. Carteret?)

Vote cumulatif. — L'électeur dispose d'un nombre de suffrages égal à celui des députés à élire. Il peut *cumuler* tous ses suffrages sur un seul candidat, ou les répartir, à son gré, sur un nombre de candidats quelconque, et dans la proportion qui lui convient. Les candidats qui ont réuni le plus de suffrages sont élus. Un minimum peut être fixé. Ce système a été adopté en Illinois, pour la représentation politique, et pratiqué en Angleterre pour l'élection des conseils d'école.

Systèmes rationnels.

Les systèmes rationnels ne cherchent pas seulement à accorder une représentation aux minorités, mais à établir, d'une manière certaine, la représentation proportionnelle, qui est la seule représentation vraie. Ils sont au nombre de trois.

Représentation personnelle des électeurs. —

L'électeur désigne sur son bulletin le candidat qu'il désire en première ligne, puis celui qu'il désire en seconde ligne, si le premier est élu déjà, et ainsi de suite, en joignant à son premier et principal suffrage une série de suffrages éventuels. Le nombre des bulletins divisé par le nombre des candidats à élire détermine le nombre de suffrages nécessaires pour l'élection (quotient électoral). Un candidat est élu, dès qu'il a réuni le quotient électoral. Chaque bulletin ne compte que pour un seul candidat, pour le premier d'abord, pour le second, si le premier est élu déjà, et ainsi de suite. C'est le système introduit en Danemark, développé par M. Thomas Hare, dont il porte le nom, proposé à Neuchâtel, etc., etc.

Représentation proportionnelle des partis. — Divers partis librement formés, et en nombre indéterminé, présentent leurs listes de candidats. Les électeurs choisissent le parti auquel ils se rangent, et chaque parti obtient un nombre de députés proportionnel au nombre de suffrages qu'il a réunis. C'est le système proposé par M. Victor Considérant, par M. Fisher de Philadelphie, par M. Borély de Nîmes, etc., etc. [1]

---

1 Le système de la valeur décroissante des suffrages, proposé par MM. Burnitz et Warentrapp, en Allemagne, par MM. Furet et Brian, en France, me paraît une variété importante, mais une simple variété pourtant, de la représentation proportionnelle des partis. — Voir le *Réformiste* du 6 mai et du 14 octobre 1869.

Suffrage uninominal. — Chaque candidat publie une liste indiquant, selon l'ordre de sa préférence, les autres candidats auxquels il veut transmettre les suffrages superflus ou insuffisants qu'il pourra obtenir. L'électeur désigne le nom d'un seul candidat. Les suffrages superflus (ceux qui dépassent le quotient électoral), puis les suffrages insuffisants (ceux dont le nombre est inférieur au quotient) sont transférés selon les listes d'indication que les candidats ont déposées. Le résultat de l'opération est qu'on obtient le nombre voulu de députés qui ont tous, directement, ou par suite du transfert, un nombre de suffrages égal au quotient électoral. Ce système a été proposé par M. Walter Baily.

Telle est la classification générale des divers plans de réforme. Je crois que tous les procédés proposés, soit en Europe, soit en Amérique, se rattachent à l'un des six systèmes indiqués. La pluralité simple, le vote limité et le vote cumulatif, forment la classe empirique des projets de réforme ; la représentation personnelle, la représentation proportionnelle et le suffrage uninominal en forment la classe rationnelle.

L'adoption des systèmes empiriques constitue un succès réel pour l'œuvre de la réforme, non-seulement parce qu'ils rompent avec le principe de la majorité, mais parce que leurs défenseurs proclament hautement les principes de la représentation vraie. Mais ces systèmes restent fort loin du but qu'il faut atteindre, et en vue duquel on les recommande et les adopte. En effet, ils offrent tous les caractères suivants:

Les suffrages qui s'accumulent sur un candidat, au delà du quotient électoral, et les suffrages qui restent au-dessous de ce nombre peuvent être sans influence sur le résultat de l'opération électorale ; ce sont des suffrages perdus.

L'existence de suffrages perdus est cause que le résultat de l'élection n'est pas nécessairement proportionnel. Les minorités que l'on cherche à faire représenter, sans le faire d'une manière rationnelle, peuvent obtenir trop ou trop peu de députés. La certitude de la justice fait défaut.

Les chefs de parti, pour éviter la déperdition des suffrages de leurs adhérents, sont conduits à faire des calculs sur la manière dont il convient de répartir les suffrages, et par conséquent doivent désigner eux-mêmes les candidats, faire eux-mêmes l'élection et donner un mot d'ordre. Les électeurs doivent obéir à ce mot d'ordre, sous peine de compromettre leur parti, de lui enlever sa juste part de représentation. Le manque de justice entraîne un manque de liberté.

Si les calculs des chefs de partis les trompent, il peut arriver que, par suite de leur erreur, la majorité des députés passe à la minorité des électeurs, ce qui altère la vérité de la représentation.

On peut constater, en fait, la réalité de ces affirmations, en étudiant le résultat des élections faites pour le Parlement de la Grande-Bretagne avec le vote limité, et le résultat des élections faites avec le vote cumulatif pour la Municipalité de Bloomsburg, en Pensylvanie, et pour les Conseils d'écoles d'Angleterre. Dans ces diverses expériences pratiques de la réforme, on a reconnu deux choses : l'excellence du principe nouveau, et le défaut de procédés d'application qui altèrent la liberté du vote et la justice de ses résultats.

Le vote limité a de plus l'inconvénient majeur de maintenir deux partis seuls en présence. C'est ce qui le rend inférieur au système de la pluralité simple et au vote cumulatif, qui laissent plusieurs groupes distincts parvenir à la représentation.

L'adoption des systèmes empiriques peut être indiquée pratiquement dans certaines circonstances. Le Parlement d'Angleterre, par exemple, se trouvait, en 1867, dans une situation qui ne permettait pas de faire, dans le sens de la réforme, beaucoup plus que ce qu'il a fait. Mais là où le terrain est libre, il n'y a certainement aucun motif sérieux pour s'arrêter à des mesures incomplètes et défectueuses. Quant aux systèmes rationnels, la représentation personnelle qui assure la justice certaine par la pleine liberté, est l'idéal à poursuivre. C'est le but définitif auquel doit aboutir le mouvement réformiste. Mais ce système présente quelque complication pour les élections complémentaires qu'il rend inévitables, et pour les élections de remplacement. Il ne permet pas de faire disparaître l'influence de l'ordre fortuit du passage des bulletins, cet élément aléatoire si vivement signalé à Neuchâtel. Il réclame enfin un corps électoral d'une culture politique assez avancée pour que chaque électeur puisse rédiger personnellement une liste de candidats rangés selon l'ordre de sa préférence. Si l'on recule devant ces difficultés, qui n'ont pourtant rien de fort grave, on peut recourir, comme mesure de transition, en attendant que l'application du mode électoral le meilleur devienne possible, à l'un des deux autres systèmes qui diminuent l'action individuelle des électeurs, et obtiennent, à ce prix, une pratique plus simple. Le suffrage uninominal est le plus approprié aux pays qui, comme la France, par exemple, ont l'habitude d'élire un seul député par collége. La représentation proportionnelle convient aux pays habitués au scrutin de liste.

L'Association réformiste de Genève a considéré l'introduction des systèmes empiriques en Angleterre et en Amérique comme un succès sérieux pour sa cause. Elle accueillerait avec joie leur introduction à Genève, si l'on ne pouvait faire mieux ; mais elle ne les a jamais proposés, parce qu'il lui a toujours paru qu'il était non-seulement possible, mais très-facile de faire mieux.

Les principes de la réforme ont été discutés et approuvés dans notre Assemblée générale du 18 décembre 1865 [1]. Votre Conseil, chargé d'en étudier la réa-

---

1 *Réforme du système électoral*, Genève, novembre 1865.

lisation pratique, a indiqué, en premier lieu, le système de la représentation personnelle, en modifiant les plans de MM. Andræ et Hare par l'idée émise par M. Rivoire, du dépouillement immédiat et continu du scrutin [1]. Ce système n'a pas rencontré d'objection, dans nos assemblées, au point de vue des principes; mais le journalisme genevois l'a signalé comme une nouveauté étrange, très-éloignée de nos mœurs politiques, comme une théorie impraticable, et l'opinion publique s'est prononcée assez généralement dans ce sens.

Nous avons alors proposé l'application du principe de la réforme dans un système plus voisin de nos mœurs actuelles. En prenant pour base d'une étude nouvelle les plans élaborés par M. Antoine Morin, en 1862, nous avons proposé la représentation proportionnelle. Le scrutin de liste est conservé; mais à la lutte de deux listes rivales, dont l'une peut obtenir la totalité de la représentation, on substitue la libre concurrence de plusieurs listes et la répartition équitable des députés entre les divers partis. C'est le système de *la libre concurrence des listes*, désigné, par abréviation, sous le titre *la liste libre*. Il est d'une pratique extrêmement simple, et ne demande aucun changement dans les habitudes électorales actuelles autre que le changement du mode de dépouillement du scrutin.

---

1 *Pratique du nouveau système électoral*, Genève, mars 1866.

M. Rivoire, animé de cet esprit de largeur qui seul permet une action efficace dans les affaires publiques, s'est rangé à ce projet, moins bon que le sien en théorie, mais qu'il a reconnu, dans une déclaration publique du 15 mars 1867, « réaliser à peu près les mêmes avantages, et se prêter mieux à nos lois et à nos « habitudes actuelles [1]. »

Après étude et délibération, le système nouveau fut recommandé par notre Conseil comme « simple, pratique et adapté à la situation politique et aux habitudes de Genève. »

Le Conseil qui a publié cette déclaration renferme dans son sein des hommes de toutes les opinions, dont plusieurs en qualité de Présidents des Conseils Généraux de la République, de Conseillers d'Etat, de membres du Grand Conseil, ont acquis une connaissance pratique des affaires du pays, et spécialement des vices du système électoral actuel et de l'urgence de la réforme.

Après avoir été élaboré et discuté par le Conseil, le système de la liste libre a été soumis plusieurs fois aux délibérations de nos Assemblées générales. Il a attiré l'attention de l'étranger, et nous avons eu la satisfaction de le voir honorablement mentionné en Angleterre, en Amérique, en France, en Allemagne et en Italie, soit par les journaux et les écrivains, soit par les ora-

---

1 Supplément à la *Feuille d'Avis* du 4 avril 1867.

teurs politiques. Ce système toutefois a soulevé deux objections. Nous ne parlons pas des arguments de certains adversaires de notre cause qui font flèche de tout bois, mais de ceux d'hommes sérieux qui, comme M. Edouard Aubert, par exemple[1], reconnaissent la justice du principe de la réforme et sont arrêtés par des difficultés de l'ordre pratique. Voici les deux objections:

1° Le système de la liste libre assure l'élection de tout candidat porté en tête d'une liste qui aura réuni le quotient électoral. Il laisse ainsi parvenir à la représentation, non-seulement des partis d'une certaine importance, mais de très-petits groupes d'électeurs, ce qui est contraire aux intérêts de la chose publique.

Cette objection est locale. Elle s'appuie sur le chiffre minime du quotient électoral à Genève, où il y a un député pour 150 électeurs inscrits. En effet, dans les grands pays, où chaque collége élit un seul député, un député peut être élu maintenant par la majorité simple d'une circonscription, c'est-à-dire par la moitié du quotient électoral plus un. La réforme, dans ce cas, demandant pour l'élection la totalité du quotient électoral, double la valeur représentative des députés.

2° Le système de la liste libre oblige les électeurs à voter la liste de leur parti sans pouvoir la modifier, même en changeant de place un seul nom, ce qui porte

---

[1] Voir le *Réformiste* du 15 décembre 1869. (Supplément au N° 47.)

une atteinte à leur liberté. On répond que l'ordre de préférence des listes résultera d'élections préparatoire. où s'exercera l'initiative individuelle. Cela est vrais Mais les élections préparatoires, sont, en fait, peu fréquentées. Il faudra que tous les électeurs s'y rendent, et, dans ce cas, on aura deux opérations électorales au lieu d'une, ce qui augmentera les charges des électeurs. Si tous les électeurs ne participent pas au scrutin préparatoire, ce qu'il faut considérer comme très-vraisemblable, les comités électoraux imposeront leurs choix.

Si ces objections sont un obstacle à l'établissement de la représentation proportionnelle, il est facile de les détruire, en apportant au système de la liste libre les deux modifications suivantes :

1° On n'accordera de députés qu'aux listes qui auront réuni un nombre de suffrages suffisant pour constater l'importance d'un parti, trois fois ou cinq fois le quotient électoral, par exemple. On exigerait ainsi, pour une élection, un nombre de voix égal à celui qui suffit maintenant, dans bien des cas, à envoyer sur les bancs de notre Grand Conseil les honorables députés du collége de la Rive droite.

2° On fera sortir l'ordre de préférence de l'urne officielle elle-même en adoptant l'idée du double vote simultané indiquée par M. Fisher, de Philadelphie [1],

[1] Reform in our Municipal elections. Philadelphia, 1866.

et par M. Borély, de Nîmes [1]. Les listes des partis étant proposées, chaque électeur accordera son suffrage à une de ces listes ; puis désignera les candidats qu'il préfère. Il votera, sur un même bulletin, pour un parti et pour des candidats. Le dépouillement des bulletins accordés à chaque parti donnera, pour chacune des listes, un ordre de préférence fixé par le nombre des suffrages obtenus par chaque candidat.

La première des deux mesures qui viennent d'être indiquées ne laisserait arriver à la représentation que les partis d'une certaine importance. La seconde ferait sortir l'ordre de préférence de l'urne officielle, c'est-à-dire du vote du parti tout entier. Les deux objections seraient ainsi détruites.

Ces deux modifications au système de la liste libre ont été proposées à notre Assemblée du 23 décembre 1870. La délibération a eu pour résultat les deux décisions suivantes, prises, si je ne me trompe, à l'unanimité :

1° L'idée de n'accorder de députés qu'aux partis d'une certaine importance, limite l'application du principe de la proportionnalité, et entrave la liberté des électeurs. Cette mesure sera indiquée, comme pouvant être introduite, pour faciliter au besoin l'adoption pratique du principe nouveau ; mais l'Association réformiste, en ce qui la concerne, ne la recommande pas. Elle l'indique sans la proposer.

---

[1] Représentation proportionnelle de la majorité et des minorités. Paris, 1870.

L'idée de faire sortir l'ordre de préférence des listes de l'urne officielle, et par conséquent du vote général de chaque parti, rendrait le dépouillement du scrutin plus long qu'il ne le serait avec le système de la liste libre, tel qu'il a été formulé jusqu'ici; mais cette modification est favorable à l'initiative individuelle et à la liberté des électeurs. L'Association réformiste l'adopte et la propose.

Par suite de ces deux décisions, la pratique de la représentation proportionnelle proposée par l'Association réformiste est le système de la liste libre modifié et maintenu comme suit.

EXPOSITION DU PLAN PROPOSÉ

BASES DU SYSTÈME

Divers partis librement formés proposent leur liste de candidats.

Chaque liste obtient un nombre de députés proportionnel au nombre de suffrages qu'elle a réunis.

Remarques. Les partis se forment librement, et par conséquent en nombre indéterminé. Toute détermination légale du nombre des partis serait arbitraire et restreindrait abusivement la liberté des électeurs. Cette liberté rencontrera pratiquement sa limite dans le fait que des électeurs, en nombre inférieur au quotient, ne pouvant parvenir à la représentation, les suffrages trop dispersés risqueraient de se perdre.

Le système proposé n'introduit aucun élément factice de division dans le corps électoral. S'il n'existe que deux partis vrais, il n'y aura que deux listes proposées. Le principe de la majorité réunit de force tous les électeurs en deux camps. Le principe de la proportionnalité n'exerce de contrainte en aucun sens; c'est la liberté pure et simple. Il importe de faire cette remarque, parce que les esprits habitués à la contrainte du système actuel sont portés quelquefois à penser que le système nouveau exercerait une contrainte, en sens contraire, et diviserait artificiellement le corps électoral.

Les suffrages sont comptés aux listes, et non aux candidats individuellement. Il faut choisir, en effet, entre le système des suffrages accordés aux candidats (représentation *personnelle* des électeurs) et le système des suffrages accordés aux listes (représentation *proportionnelle* des partis). Si l'on veut la représentation personnelle, un bulletin ne doit jamais compter que pour un seul nom. Le droit électoral d'un individu s'épuise sur un seul candidat. Ce sont les partis renfermant plusieurs groupes électoraux qui peuvent avoir plusieurs représentants. L'électeur dont le suffrage compte à plusieurs candidats n'agit plus comme individu, mais comme membre d'un parti. Son action, dès lors est, et doit rester collective; il ne faut pas qu'il puisse intervenir personnellement dans les opérations d'un autre parti. Ceci devient fort clair par la réflexion; mais les idées à cet égard sont obscurcies et faussées par l'habitude du scrutin de liste, tel qu'il est généralement pratiqué. On objecte à notre plan de réforme qu'il supprime la liberté, maintenant accordée aux électeurs, de porter utilement leurs suffrages sur des candidats pris dans différentes listes. Il ne sera donc pas inutile de reproduire ici les considérations présentées par le Bureau de l'Association réformiste, en Mai 1867, dans son *Exposition et Défense du système de la liste libre.*

L'électeur de candidats fait un acte simple et clair: il désigne les hommes qu'il désire pour députés. L'électeur de listes fait aussi un acte simple et clair : il choisit le parti dans lequel il se range et vote la liste qu'on a préparée pour lui. Les comités électoraux dans leur travail doivent, sans doute, tenir compte de l'opinion, mais nullement de l'opinion de tous les électeurs également. Ils subissent l'influence des hommes ardents du parti, hommes de parole, de plume ou de main. Ils doivent ensuite tenir grand compte de l'extrémité du parti la plus voisine du parti contraire. Si 300 électeurs résolus disaient à un comité : « Nous voulons ces cinq candidats ou nous passons à l'autre parti, » il faudrait leur accorder leurs cinq candidats. Les comités sont donc très-gênés dans leurs mouvements, mais ils disposent de la masse docile des électeurs qui attendent la liste sans s'en occuper. Ils disposent en particulier des électeurs qui, ne pouvant obtenir aucune représentation réelle, ont simplement choisi entre deux partis celui qu'ils redoutent le moins, électeurs pour lesquels le nom des candidats n'est qu'un détail sans portée. Il est certain que la plupart des électeurs de listes ne donnent pas leur suffrage aux candidats, puisqu'ils trouvent fréquemment sur la liste de leur parti :

1° Des candidats qu'ils ne connaissent pas ;

2° Des candidats auxquels ils en préféreraient d'autres ;

3° Des candidats qui appartiennent au parti contraire au leur, et que le comité a adoptés, ou par tactique, ou en voulant, par un sentiment de justice, réformer l'institution et accorder à la partie adverse une part du monopole de la représentation.

L'électeur de liste a abdiqué le droit de choisir individuellement ses candidats, et marche, en bon soldat, sous la bannière du parti. L'électeur de candidats ne s'est pas enrôlé, il veut garder le droit d'apprécier les noms. Ils accomplissent l'un et l'autre un acte simple et clair; mais ces deux actes sont essentiellement différents.

Voyons maintenant ce qui résulte d'un système qui réunit dans une même opération deux espèces différentes de suffrages, en provoquant la formation de deux partis disciplinés, votant des listes, et en laissant, d'autre part, la porte ouverte au choix personnel des candidats.

Les électeurs de candidats, quel que soit leur nombre, ne peuvent choisir des candidats à eux. Une fois les listes des deux partis arrêtées, toute liste portant d'autres noms est une page d'écriture faite avec le papier du gouvernement; rien de plus. Les électeurs de candidats forcés d'opérer sur les listes des autres deviennent donc ce qu'on appelle à Genève des *panacheurs*. Or :

1° Leur action est nulle, en présence du choc des listes, s'ils sont en petit nombre et dispersent leurs suffrages.

2° Leur action est toujours incertaine dans son résultat. Les listes en présence sont A, B, C... et A', B', C'... Vous substituez C' à A. Si d'autres panacheurs, en plus grand nombre, abandonnent C', vous ne ferez pas passer C', mais A', si A' a le plus grand nombre de suffrages dans son parti. Vous désignez un candidat, vous contribuez à en faire élire un autre, celui peut-être que vous redoutez le plus.

3° L'action des panacheurs ne peut devenir efficace que par une liste panachée, préparée d'avance. Dès qu'elle devient efficace, elle peut devenir injuste et violer le droit électoral, qui veut que les candidats élus soient ceux qui réunissent plus de suffrages que les autres.

Supposons deux partis absolument égaux, et entre eux un panacheur isolé. Ce panacheur fera seul l'élection. Les listes des partis seront pour lui une liste de candidats en nombre double, sur laquelle il choisira souverainement.

Or, comment sont composées les listes des partis ? Elles renferment quelques noms, en petit nombre, qui sont connus et voulus par le parti tout entier, ou du moins par la majorité réelle de ses membres ; puis des noms choisis pour amener au scrutin des groupes restreints d'électeurs, ceux de telle commune à la campagne, ceux de telle opinion à la ville. Ces noms connus et voulus par un petit nombre de votants sont pour les autres ignorés ou même hostiles. Il y a sur la même liste des candidats qui ont 2,000 suffrages vrais et d'autres qui n'en ont pas 300. Les élections préparatoires d'un parti mettent le fait en pleine évidence. Tous les candidats d'une liste cependant, lorsque le parti vote compacte, sortent de l'urne avec une égalité de suffrages *officielle* et parfaitement *fictive*. Le panacheur que nous avons supposé pourra donc faire élire un candidat avec 301 suffrages vrais, et empêcher l'élection d'un candidat ayant 2 000 suffrages vrais.

Réduisons cette théorie à la pratique. Le système actuel force le régime des listes et compte les voix aux candidats. Supposons qu'il se forme un tiers-parti, prenant pour devise la modération et l'apaisement de la lutte politique. Nous observons d'abord que ce parti *panacheur* sera un parti, et que ses membres ne feront une œuvre utile et certaine qu'en renonçant à leur droit individuel de choisir les candidats, pour se rattacher à une combinaison collective. Dès qu'il y a des listes en présence et des partis nombreux et compactes, on ne peut agir utilement qu'en donnant son suffrage *à une liste;* voilà ce qu'il importe de se mettre clairement dans l'esprit. Mais cette troisième liste, que les membres du nouveau parti devront porter compacte, s'ils ne veulent pas faire une œuvre incertaine, aura ceci de particulier qu'elle est faite avec les candidats des deux autres listes, c'est-à-dire que, quant aux deux grands partis qui votent leurs listes, le parti panacheur intervient comme un électeur de candidats. Voyons ce qui va arriver.

Le parti des modérés ne peut pas choisir des hommes à son gré. La seule voie qui lui reste ouverte pour intervenir entre les parties belligérantes est le panachage. Dès que ce parti comptera 600 à 700 membres dans la Ville de Genève, il sera maître de l'élection, comme le panacheur unique que nous supposions tout à l'heure. Il pourra fermer la porte du Grand Conseil aux chefs des deux grands partis, et l'ouvrir à des candidats qui ne figuraient sur les listes que pour amener au scrutin des groupes minimes d'électeurs. Il pourra donc exclure de la représentation les seuls candidats qui représentent véritablement un grand nombre de citoyens.

Telles sont les conséquences du système qui supprime la liberté des candidatures, et ne laisse aux électeurs non enrégimentés dans les deux grands partis d'autre moyen d'action que de s'organiser en troisième parti, opérant pour le choix des candidats sur les listes des autres. Les panacheurs isolés sont des *innocents*, et on les laisse faire. L'apparition du panachage collectif et organisé a inquiété, et non sans raison, nos hommes politiques. Ils sentent vaguement que cet acte (qu'ils qualifient quelquefois de manœuvre) introduit un élément étranger au système et trouble le jeu naturel de l'institution. Cela est parfaitement vrai. L'institution est vicieuse, elle renferme dans son sein des éléments hétérogènes, parce qu'elle amène naturellement la formation de deux partis compactes donnant leurs suffrages à des listes préparées par des comités, et permet pourtant à un groupe resté en dehors de ces deux partis d'intervenir dans leurs opérations électorales et de les troubler. L'institution est vicieuse, puisqu'elle ne permet à la liberté électorale de se manifester qu'en produisant des résultats contraires à la justice. Il vaudrait mieux la changer que de se répandre en plaintes contre les hommes qui usent du droit que la loi leur confère, dans un sens qui déplaît aux chefs de partis. Nous assistons, à Genève, à un spectacle curieux. Quelques-uns des adversaires de la réforme se font une arme, contre le système de la représentation proportionnelle, de ce qu'il supprime le droit de panachage; puis ils accablent de leurs reproches, et presque de leurs injures, ceux qui usent de ce droit auquel ils paraissaient si attachés.

Le suffrage accordé à des candidats et le suffrage accordé à des listes sont deux éléments non-seulement divers, mais incompatibles, qui ne doivent jamais se trouver ensemble dans un bon système électoral.

COLLÉGES ÉLECTORAUX

Les colléges électoraux établis par la Constitution actuelle sont conservés.

Remarques. Le principe de la représentation proportionnelle ne peut être appliqué qu'à des colléges élisant plusieurs députés, puisque l'élection d'un seul tombe nécessairement sous la loi de la majorité. Dès que la représentation est proportionnelle, l'établissement des colléges devient une simple question de convenance pratique, puisque, dans chaque arrondissement, chaque parti est assuré d'une représentation équitable. Pour Genève, il est indiqué par la raison politique de ne pas soulever aujourd'hui de question à cet égard, et de commencer l'application de la réforme en conservant les trois collèges actuels, maintenus par le vote populaire du 10 juillet 1870.

LISTES DE CANDIDATS

Des listes de candidats portant un nombre de noms égal à celui des députés à élire par le collége, et présentées par trente électeurs, sont déposées avant l'ouverture du scrutin entre les mains du président de l'élection. Le même électeur ne peut user qu'une seule fois de son droit de présentation.

Les noms des candidats sont rangés par ordre alphabétique.

Les listes déposées reçoivent un numéro d'ordre. Il est légalement interdit de reproduire ce numéro d'ordre sur d'autres listes.

Remarques. La condition imposée de la présentation des listes par un certain nombre d'électeurs est une simple mesure d'ordre pratique. Elle a pour but d'empêcher l'encombrement nuisible qui résulterait du dépôt de listes n'ayant aucun caractère sérieux. Le nombre de trente électeurs est arbitraire et peut être modifié.

Chaque parti sera naturellement conduit à faire une élection préparatoire pour établir sa liste de candidats. La force des choses rendra ces élections préparatoires sérieuses, et conduira à chercher les moyens de faire à chacun des éléments divers du parti sa juste part, parce qu'un groupe d'électeurs mécontents pourrait se séparer de son parti, *sans craindre comme aujourd'hui de favoriser le parti contraire*, mais pour choisir ses représentants à part. La liberté et la justice établies pour l'élection officielle imposeront aux partis l'heureuse nécessité de réaliser la justice dans leur propre sein. Les comités électoraux, dont l'existence sera toujours nécessaire, aideront les électeurs, mais ne pourront plus s'imposer.

Le numéro d'ordre des listes peut être remplacé par d'autres signes distinctifs, titre, couleur, etc...

VOTATION

L'électeur dépose dans l'urne un bulletin contenant :

1° Le numéro d'ordre de la liste dont il a fait choix ;

2° Un nombre de noms de candidats égal ou inférieur aux deux tiers du nombre des députés à élire par le collége.

Remarques. Le nombre de noms à écrire par l'électeur doit être inférieur au nombre total des députés à élire. Sans cela, si tout un parti portait la même liste, les candidats auraient tous le même nombre de voix, et on n'obtiendrait pas un ordre de préférence qui est nécessaire à l'application du système (voir plus loin : *Désignation individuelle des députés*). La proportion des deux tiers est fixée arbitrairement et peut être modifiée. Il est très-improbable qu'un seul parti obtienne les deux tiers des députés en sorte que l'électeur, en en désignant cette proportion, en désigne vraisemblablement plus que son parti n'en pourra obtenir.

Il n'y a aucune bonne raison pour annuler les bulletins qui porteraient un nombre de noms moindre que les deux tiers des députés à élire. Il est convenable, au contraire, de laisser à l'électeur pleine liberté sous ce rapport. Il est assuré que son suffrage compte à son parti. (Voir plus loin : *Dépouillement du scrutin.*) Quant aux candidats, il n'est pas avantageux de le contraindre à en désigner un nombre plus grand que le nombre de ceux qu'il connaît et désire. Plus son choix sera libre et sérieux, plus l'ordre de préférence de la liste sera vrai.

Il n'est pas imposé à l'électeur de borner son choix aux noms des candidats inscrits sur la liste de son parti. Il sera conduit à le faire presque toujours, parce que les listes de chaque parti étant dépouillées à part, et sans que les suffrages de plusieurs listes donnés au même candidat puissent s'additionner (voir plus loin : *Désignation individuelle des députés*), le suffrage accordé par l'électeur à un nom étranger à la liste de son parti sera presque certainement perdu. Toutefois des électeurs qui désireraient un candidat non inscrit sur la liste de leur parti pourraient s'entendre jusqu'au dernier moment et le faire élire, s'ils se trouvaient en nombre suffisant.

L'application du système n'exige rien quant au nombre des bureaux de vote. Le vote dans des bureaux nombreux et facilement accessibles à tous est le seul moyen de maintenir l'égalité entre les électeurs. La concentration des opérations électorales de tout un collége dans un même local crée un privilége en faveur des habitants du chef lieu, puisque le scrutin est à leur porte, tandis que d'autres peuvent avoir à parcourir des distances considérables. Lorsque le dépouillement se fait à chaque bureau, on peut craindre, dans les communes, l'abus des influences locales. Mais comme, dans le système proposé, les urnes devront être transportées au chef-lieu, sans être ouvertes, le secret du vote sera parfaitement assuré, et l'abus des influences locales ne sera plus à craindre. Du reste, il serait peut-être convenable d'introduire le principe de la réforme en maintenant provisoirement la manière actuelle de voter, pour n'éveiller aucun soupçon et ne susciter aucune défiance.

DÉPOUILLEMENT DU SCRUTIN

Tous les bulletins d'un même collége sont réunis, sans que les urnes aient été ouvertes auparavant.

On compte les bulletins valables.

Le nombre de ces bulletins, divisé par celui des députés à élire, donne le nombre de suffrages qui répond à un député. (*Quotient électoral* ou *chiffre de répartition.*)

On compte le nombre des suffrages accordés à chaque liste, c'est-à-dire le nombre de bulletins portant en tête l'indication du numéro d'ordre de cette liste.

Les bulletins appartenant à chaque liste sont réunis en paquets séparés pour être dépouillés à part.

Chaque liste obtient un nombre de députés proportionnel au nombre de suffrages qu'elle a réunis. On détermine ce nombre de députés en divisant le nombre de suffrages obtenus par chaque liste par le chiffre de répartition.

Si la répartition donne des fractions, les députés à élire, dont le nombre est représenté par la somme de ces fractions, sont distribués entre les listes. Celle qui a la fraction la plus forte obtient le premier; celle qui a la fraction la plus forte après la première obtient le second, et ainsi de suite.

Si deux listes ont des fractions égales, le député est attribué à celle qui a le nombre entier le plus fort. Si deux listes avaient le même entier et la même fraction, on procéderait à un tirage au sort.

Remarques. Le quotient électoral *théorique* résulte de la division du nombre des électeurs inscrits par le nombre des députés à élire. Le quotient électoral *pratique* se calcule en prenant pour base le nombre des bulletins valables. Le droit des électeurs absents ou n'ayant pas déposé dans l'urne un bulletin valable est transmis aux électeurs qui ont régulièrement voté, selon la pratique universelle en matière d'élections.

Les suffrages en nombre insuffisant accordés à des listes qui n'obtiennent pas de députés ne passent pas à un seul parti, comme il arrive sous le régime actuel, où une minorité vaincue est représentée légalement et fictivement par les députés d'une majorité victorieuse. Les suffrages en nombre insuffisant se trouvent répartis proportionnellement entre les listes qui obtiennent une part de représentation.

PROCLAMATION DU RÉSULTAT

Lorsque le dépouillement est terminé, on proclame :

1° Le nombre des bulletins valables;

2° Le chiffre de répartition;

3° Le nombre de suffrages accordés à chaque liste;

4° Le nombre de députés obtenus par les listes qui ont droit à la répartition.

Remarques. Les calculs nécessaires pour établir le résultat du vote étant très-simples, la proclamation aura lieu très-peu de temps après la clôture du scrutin. Dès ce moment, c'est-à-dire une heure au plus après la fin du vote, le sens politique de l'élection sera connu; on saura le nombre de députés obtenus par chaque parti. L'opération nécessaire pour la désignation individuelle des députés pourra se faire avec calme, n'étant pas de nature à exciter les passions.

Exemple : Supposons pour le collége de la ville de Genève :

Bulletins valables 4,497

Députés à élire 44

Quotient électoral :

$$4,497 : 44 = 102\ {}^{9}/_{44}$$

Liste A — 1864 suffrages

B — 1536

C — 490

D — 339

E — 268

4497

Chaque suffrage représente une valeur qui s'exprime par $^{44}/_{4497}$. Il faut donc multiplier cette fraction par le nombre des suffrages de chaque liste pour déterminer la part proportionnelle de chaque liste dans la représentation totale. Cette opération, qu'un calculateur médiocre fera en moins d'un quart d'heure, donne le résultat suivant, les fractions, dont on ne place ici que les numérateurs, ayant pour dénominateur commun 4497.

Listes.	Suffrages.	Répartition.
A	1864	18. 1070
B	1536	15. 0129
C	490	4. 3572
D	339	3. 1425
E	268	2. 2798
	4497	42. 8994

La fraction $^{8994}/_{4497}$ est égale à 2. Ce sont deux députés à attribuer aux listes qui ont les fractions les plus fortes. La liste C obtient le premier; la liste E le second. En définitive on a :

Liste A	18	députés.
B	15	
C	5	
D	3	
E	3	
	44	

Si la loi, pour éviter la représentation de groupes d'électeurs jugés trop faibles, avait exigé qu'une liste n'eût droit à la répartition que dans le cas où elle aurait réuni trois fois le quotient électoral, le calcul se ferait ainsi : La liste E n'ayant pas obtenu le triple du quotient électoral, soit 307 suffrages, est mise de côté. Il reste à répartir le nombre

44 proportionnellement aux suffrages obtenus par les autres listes, savoir :

Liste	A	1864
	B	1536
	C	490
	D	339
		4229

La répartition donne le résultat suivant, les fractions ayant pour dénominateur commun 4229.

Liste	A	19.	1665
	B	15.	4149
	C	5.	415
	D	3.	2229
		42.	8458

La fraction $^{8458}/_{4229}$ est égale à 2. Ce sont deux députés à attribuer aux listes qui ont les fractions les plus fortes. La liste B obtient le premier ; la liste D le second. En définitive on a :

Liste	A	19 députés.
	B	16
	C	5
	D	4
		44

Les calculs pour établir la proportionnalité appartiennent à l'arithmétique élémentaire. Une fois le résultat proclamé, chacun peut faire ces calculs, en sorte que le travail du bureau se trouve placé sous le contrôle de la publicité la plus entière, sans chance possible de fraude ou d'erreur.

DÉSIGNATION INDIVIDUELLE DES DÉPUTÉS

On dépouille séparément les paquets de bulletins attribués à chaque liste, en comptant le nombre de suffrages accordés à chaque candidat.

Chaque liste est ensuite établie de nouveau, les candidats n'étant plus rangés selon l'ordre alphabétique, mais selon le nombre des suffrages qu'ils ont obtenus.

En cas d'égalité du nombre des suffrages pour plusieurs candidats, les plus âgés sont placés les premiers.

Sont élus, dans le nombre auquel chaque liste a droit, les candidats placés en tête des listes.

Les listes reçoivent un caractère officiel. Elles sont conservées pendant toute la durée de la législature.

Remarques. Les listes de chaque parti seront rétablies complètes. Les candidats qui n'auraient pas eu de suffrages, sauf les suffrages primitifs des électeurs qui ont présenté les listes (supposition invraisemblable), seront placés par rang d'âge.

Les listes doivent être conservées pendant toute la durée de la législature pour le cas des remplacements qui pourront être nécessaires, comme il va être dit.

Les députés à élire par le collége étant tous répartis entre les listes, on est assuré d'obtenir la députation complète. Il n'y a pas d'élections complémentaires à prévoir.

Les suffrages accordés au même candidat sur plusieurs listes ne peuvent être additionnés, puisque les bulletins attribués à chaque liste sont dépouillés séparément. C'est l'application du principe exposé plus haut de la séparation nécessaire des suffrages accordés à des listes et des suffrages accordés à des candidats.

Il est facile de comprendre, que si des électeurs pouvaient accorder leur suffrage à la liste d'un parti, et régler l'ordre de préférence de la liste d'un autre parti (c'est ce qui arriverait si les suffrages donnés à un même candidat sur des listes différentes pouvaient s'additionner), la porte serait ouverte à des manœuvres déloyales.

Les députés étant désignés par la pluralité des suffrages, le principe de la proportionnalité ne se trouve pas établi dans le sein de chaque parti. La majorité du parti peut choisir seule les représentants de tous. L'inconvénient est singulièrement amoindri par le fait que tout groupe d'électeur, en nombre égal au quotient, peut se constituer à part, et obtenir un député. On pourrait aller plus loin, dans le sens de la réforme, en établissant le procédé suivant : Chaque électeur inscrirait sur son bulletin un nombre de candidats égal à celui des députés à élire, et non les deux tiers seulement. Pour établir l'ordre de préférence, les bulletins seraient dépouillés, ou d'après le système du quotient électoral, chaque bulletin ne comptant que pour un nom, ou d'après le système de la valeur décroissante des suffrages, le premier comptant pour un, le second pour demi, le troisième pour un tiers, etc., etc. On réaliserait ainsi la proportionnalité, non-seulement pour les partis, mais pour chacun des groupes distincts d'un même parti. Ce sont là des perfectionnements qu'on peut mettre en réserve pour l'avenir. L'établissement de l'ordre de préférence par la pluralité simple est moins juste, mais paraîtra plus simple, et pour faire adopter la réforme, il convient d'en simplifier la pratique autant que possible, sans sacrifier ses bases essentielles.

REMPLACEMENT DES DÉPUTÉS

Dans le cas d'élection d'un même candidat par plusieurs listes (dans le même collége ou dans des colléges différents, il n'importe), de refus, de décès ou de démission, le député qui manque à une liste est remplacé par le candidat dont le nom suit le sien.

Remarques. Dans le cas d'élection d'un même candidat par plusieurs listes, on peut laisser au candidat le choix de la liste dont il accepte l'élection, ou procéder à un tirage au sort.

Les remplacements étant fixés d'avance, puisque chaque parti a désigné les candidats qu'il préfère après ceux qu'il a obtenus, une seule opération électorale suffit certainement pour toute la durée d'une législature.

Lorsque les *luttes* électorales auront été supprimées par un principe juste, qui stimulera le zèle sans exciter les passions, et que le déplacement de quelques centaines de voix n'aura pour effet que le changement d'un petit nombre de députés, les élections pourront être fréquentes et la durée des législatures courte, sans inconvénient pour la marche des affaires et sans danger pour la paix publique. Ce n'est pas le cas aujourd'hui.

CONCLUSION

« L'équité évidente a cela de caractéristique qu'elle « calme les hommes les plus passionnés, et qu'elle « n'est pas sans influence sur les caractères les plus « pervers. » Ces paroles de M. Morin [1] signalent le plus grand des bienfaits qu'on peut espérer de la réforme électorale. Un principe de justice placé aux fondements de l'ordre politique sera un principe de paix. Les passions suivront leur cours, la lutte des intérêts continuera; les faiblesses, les misères et les violences du cœur humain menaceront encore la marche de la société; les vices de l'organisation politique étrangers au système électoral continueront à produire leurs fruits malfaisants; mais il n'existera plus, dans l'institution même qui est le lien de chaque citoyen à la marche de l'Etat, un germe de luttes artificielles et de passions factices. Un immense progrès, non-seulement politique, mais social et moral aura été accompli.

L'idéal à poursuivre dans l'œuvre de la réforme est la pleine liberté de l'électeur dans le choix de ses représentants. Le système de la représentation personnelle réalise seul cet idéal, dans la mesure où

[1] De la question électorale dans le Canton de Genève.

un idéal peut être réalisé. La représentation proportionnelle a l'inconvénient de maintenir la division des électeurs en divers partis, au lieu de laisser les suffrages se réunir, d'une manière absolument libre, sur les candidats. Cet inconvénient est prodigieusement atténué par le fait que les partis peuvent se former en nombre indéterminé ; il subsiste cependant à quelque degré. D'autre part, ce système offre des avantages pratiques, nombreux et considérables.

Il n'y a pas d'élections complémentaires à prévoir, en sorte que tous les députés proviennent d'une opération unique.

Les remplacements sont fixés d'avance ; une seule élection suffit donc certainement pour toute la durée d'une législature.

L'ordre du passage des bulletins n'a plus aucune influence sur le résultat du dépouillement. On est à l'abri de cette objection de l'*aléatoire,* qui a pris des proportions si peu raisonnables dans les débats de Neuchâtel.

L'idée que chaque parti propose sa liste, et obtient un nombre de députés proportionnel au nombre de suffrages dont il dispose, est d'une simplicité parfaite et s'impose à tout esprit impartial comme l'expression immédiate de la justice.

Le système de la libre concurrence des listes, tel que nous le formulons aujourd'hui, est le fruit mûri de longues études, poursuivies pendant six années, par des hommes dont plusieurs joignent à la réflexion et à l'amour du pays une longue pratique des affaires. Nous avons passé en revue tous les plans de réforme proposés en théorie, ou pratiquement essayés en

Danemark, en Angleterre. en Amérique, en Australie, en Suisse, en France, en Allemagne, en Italie. Toutes les voies possibles semblent avoir été explorées par les travaux d'un grand nombre de publicistes et d'hommes d'Etat appartenant aux opinions politiques les plus opposées et aux régions du globe les plus diverses. Le plan que nous avons adopté nous paraît le meilleur pour introduire la réforme à Genève, et, d'une manière generale, dans les pays habitués au scrutin de liste. Une fois qu'il serait mis en pratique, l'expérience pourrait suggérer des améliorations que nous ne voyons pas encore, et permettre l'introduction de celles que nous avons signalées. L'intelligence .généralement répandue des principes de la réforme et l'éducation politique des électeurs pourrait permettre plus tard l'adoption de la représentation personnelle. Pour le moment, et jusqu'à l'apparition d'idées nouvelles, que nous sommes prêts à accueillir et à examiner avec attention, nos études semblent terminées. Que nous reste-t-il à faire ? A nous réunir autour d'un projet, qui est notre œuvre commune, à chercher les moyens de le faire passer dans les lois de notre canton, à le recommander à la sérieuse attention de nos Confédérés et des réformistes de tous pays.

QUATRIÈME PARTIE

THÉORIE ET PRATIQUE

DES

ÉLECTIONS REPRÉSENTATIVES

AVERTISSEMENT

Voir dans l'avertissement, en tête du volume, l'indication de la nature spéciale de cette quatrième partie.

THÉORIE

DES

ÉLECTIONS REPRÉSENTATIVES

La demande d'une réforme du principe des élections occupe une place tous les jours plus grande, tant en Europe qu'en Amérique, dans la presse, dans l'opinion publique et dans les débats parlementaires[1]. La réforme réclamée concerne les élections *représentatives.* Les élections *administratives*, comme celles d'un maire, d'un empereur ou d'un conseil d'État, offrent un autre caractère et appellent des considérations d'une autre nature. Cette réforme peut se ramener à des principes certains, et d'une rigueur presque mathématique ; on peut en faire la théorie. Cette idée et ce mot de théorie ne seront pas une recommandation auprès des esprits assez nombreux qui pensent que la théorie et la pratique sont deux cho-

[1] Voir les trois parties précédentes de cet écrit.

ses entre lesquelles il n'existe aucun rapport, et que, dès qu'il s'agit de politique, il faut laisser les principes de côté. Quelques mots d'explication à ce sujet.

Dans les questions politiques, la théorie, en établissant ce qui est juste, vrai, utile à la société, marque le but auquel il faut tendre. La sagesse pratique exige qu'on se rende compte des circonstances, pour déterminer dans quelle mesure, par quels moyens, au prix de quelles concessions on peut se rapprocher du but, à un moment donné, et dans tel état de la civilisation. Les esprits systématiques, ne prenant souci ni des temps, ni des lieux, ni des circonstances, veulent réaliser immédiatement une théorie qu'ils traduisent en un système unique, uniformément applicable à toutes les époques et à tous les pays. Ils échouent; ou s'ils réussissent, leur succès momentané est suivi d'une réaction qui parfois rejette une société plus loin du but à atteindre qu'elle ne l'était avant une tentative malheureuse : tel est l'inconvénient des esprits systématiques. Mais que faut-il penser des esprits exclusivement pratiques qui rejettent avec dédain toute théorie, toute étude des principes ? Comment marchent-ils sans savoir où il faut aller ? Comment exercent-ils une action sociale, sans se rendre compte du but auquel il faut conduire la société ? Ces hommes-là semblent n'avoir pas de boussole ; ils en ont une cependant qu'ils consultent sans cesse, et avec l'attention la plus scrupuleuse. L'aiguille de leur boussole est dirigée vers l'intérêt de leur parti, intérêt qui dans les âmes honnêtes, soit passionnées, soit candides, se confond entièrement avec l'intérêt de la société. — Si nos amis sont à la tête des affaires, tout ira bien! — Ce principe unique dispense de tout autre principe, et rend superflue l'étude de toute théorie. « Pour beaucoup de gens, la question « pratique est uniquement de garder le pouvoir lors« qu'on le possède, et de s'emparer du pouvoir lorsqu'on « ne le possède pas[1]. »

Les pages suivantes n'auront aucun intérêt pour les hommes qui ne s'intéressent qu'à la pratique, et qui entendent la pratique dans le sens qui vient d'être indiqué. Elles paraîtront peut-être dignes de quelque attention aux esprits assez dégagés des passions qu'engendrent les luttes quotidiennes de la politique pour comprendre que les questions de personnes et de partis ne sont pas les seules, et que les institutions sociales réalisent des principes bons ou mauvais dont l'action est bienfaisante ou délétère. C'est aux esprits de cet ordre que je soumets, en le recommandant à leur bienveillance, un essai de théorie des élections représentatives.

Idée du système représentatif.

Dans une élection représentative, l'électeur remet à un mandataire, choisi par lui, l'exercice d'un droit dont il ne conserve pas l'usage direct. Pour bien comprendre cette opération, il faut se rendre compte de sa nature, de son but et de son résultat.

[1] Paroles prononcées par M. Charles Secrétan, dans la discussion de la réforme électorale, à Zofingue, en Suisse, le 20 août 1868.

Quant à sa NATURE, l'élection représentative est la délégation d'un pouvoir qui doit être exercé par l'élu, pour le compte de l'électeur, et en vertu de sa procuration. Elle suppose la liberté et l'égalité des suffrages. Le choix de l'électeur doit être la manifestation de sa volonté, libre de toute entrave arbitraire. « Personne, dit M. Guizot, n'a jamais nié que la loi fondamentale de toute élection, c'est que les électeurs fassent ce qu'ils veulent... Le mérite de l'élection, c'est de procéder de l'électeur, d'être de sa part un choix véritable, c'est-à-dire un acte de jugement et de volonté[1]. »

L'égalité des suffrages ne suppose pas nécessairement l'égalité des électeurs. Si l'on admettait avec M. Stuart Mill[2], que l'égalité des électeurs n'est pas juste; si l'on admettait qu'il convient d'attribuer une pluralité de votes aux hommes que l'âge, l'expérience, l'instruction désignent comme pouvant plus que d'autres exercer une influence salutaire sur la direction des affaires publiques, on accorderait plusieurs suffrages à un même individu, mais les suffrages resteraient égaux. Tant que le *vote plural* n'est pas admis, et il serait difficile de le faire admettre dans notre civilisation actuelle, l'égalité des suffrages se traduit par l'égalité des électeurs. L'élection représentative est donc, quant à sa nature, une délégation de pouvoirs, qui suppose l'égalité et la liberté des suffrages.

Son BUT est de substituer à l'ensemble des électeurs

[1] *Histoire des origines du gouvernement représentatif*, II, 247.

[2] *Gouvernement représentatif*, chapitre VIII.

un corps restreint de députés qui puissent délibérer avant de résoudre les questions. Le mot *parlement* rend convenablement cette idée, en caractérisant une réunion où l'emploi de la parole peut précéder et éclairer le vote. Nous désignerons donc un corps représentatif quelconque sous le terme général de parlement. Le choix de l'électeur est déterminé en partie par l'accord des opinions politiques de son candidat avec les siennes, mais cet accord ne saurait porter que sur un petit nombre de points généraux. Pour le reste, l'électeur remet au député une procuration pour étudier les questions et prendre des décisions qui sont ratifiées d'avance par le fait même des pouvoirs conférés. Des mandats impératifs qui lieraient les députés, pour le détail de leurs votes, annuleraient la valeur des débats qui doivent précéder les décisions, et le but à atteindre serait manqué. L'élection manifeste la confiance personnelle de l'électeur dans le député auquel il remet l'exercice de ses droits ; c'est là le fait total, dont la communauté d'opinions sur certains points généraux est un des éléments.

Le RÉSULTAT des élections est de produire une assemblée de députés qui, en vertu du mandat de confiance qu'ils ont obtenu, représentent le corps électoral, en reproduisant sur une échelle réduite ses divers éléments. La majorité des votes du parlement exprime alors, aussi fidèlement que possible, la volonté des électeurs librement exprimée par la majorité des suffrages.

Tel est dans ses traits principaux le système représentatif. Il fournit la solution d'un problème tous les jours plus grave.

L'élément démocratique, dans le vrai sens de ce mot, c'est-à-dire la participation toujours plus large de tous aux droits politiques, est en croissance continue dans le monde moderne. Ce n'est point là un accident, c'est un fait qui a tous les caractères d'une loi historique. Mais la réalisation de la démocratie semble impossible, et elle l'est en un certain sens. L'action directe de chaque individu sur la législation et l'administration n'est pas une conception réalisable. En matière de législation et d'administration, l'oligarchie est une nécessité. C'est pourquoi la tentative d'établir l'exercice direct de la démocratie, si l'on excepte quelques peuplades placées dans des circonstances exceptionnelles, aboutit en fait, comme le remarquaient déjà Aristote et Cicéron, et comme nous avons pu le remarquer après eux, à l'établissement d'une dictature ou d'oligarchies démagogiques. La démocratie paraît donc à la fois inévitable et impossible : là est le problème. Le système représentatif en fournit la solution. Quelques hommes sont chargés des affaires publiques par la volonté de tous. Chaque électeur a une influence médiate, mais réelle, et le pouvoir politique se trouve fondé, à l'exclusion de tout privilége, sur un fait social indestructible, *l'influence personnelle*, fait que constate la confiance manifestée par les électeurs. « Les influences éprouvées et librement acceptées, dit M. Guizot, constituent entre les hommes la vraie et légitime société[1]. »

[1] *Histoire des origines du gouvernement représentatif*, II, 243.

Un terme d'école résume ces considérations. L'oligarchie et la démocratie paraissent deux principes opposés, une thèse et une antithèse; le système représentatif est leur synthèse.

Dans la mesure où s'établit le système représentatif, le choix des députés devient l'acte fondamental de la vie politique. Or le résultat des élections dépend de deux éléments : la volonté des électeurs, tout le monde le comprend; le système électoral, c'est ce qui n'est pas également clair pour tous les esprits. Il est cependant prouvé par de nombreux exemples, et il est facile de démontrer en théorie que, la volonté des électeurs restant la même, le système électoral a une influence considérable sur le résultat des élections. Dès que ce fait est reconnu, la question suivante se pose : Y a-t-il une théorie du système électoral? En d'autres termes, pour user de la langue philosophique, peut-on déduire de l'idée de la représentation un système qui réalise et réalise seul la représentation véritable?

Cette question est tout à fait générale. Que le droit de suffrage soit plus ou moins étendu, que la forme de l'état soit une république ou une monarchie, qu'il existe une seule assemblée délibérante ou qu'il y en ait deux, le problème reste le même. Quelle que soit la part du pouvoir social remise à une assemblée représentative, il s'agit de rendre la représentation vraie. Dans une république, la question prend une importance exceptionnelle, puisque l'élection est la source unique de tout pouvoir; mais un monarque qui désire conserver sa couronne et la transmettre à son héritier, n'a-t-il pas le plus grand intérêt à se trouver en présence d'une assemblée qui soit l'expression fidèle des sentiments et des volontés de la nation?

Y a-t-il un système électoral qui assure la vérité de la représentation? Telle est la question soulevée en dernier lieu sur divers points du globe, et étudiée par un grand nombre de publicistes et d'hommes d'état. La réponse se trouve dans l'idée à la fois simple et féconde que je vais exposer.

La représentation vraie.

Lorsqu'un peuple est assemblé pour l'exercice direct de ses droits politiques, les décisions sont prises à la majorité des suffrages. L'exercice du droit est alors *immédiat* et *individuel*. Dans le système représentatif, qui est une nécessité dès que le nombre des citoyens est considérable, il y a délégation de pouvoirs. L'exercice du droit de décision devient alors *médiat* : le député décide pour le compte de ses électeurs; et il devient en même temps *collectif* : il faut qu'un certain nombre de suffrages électoraux soient réunis pour obtenir un vote dans le parlement. Quel est le nombre de suffrages électoraux dont la réunion peut obtenir un droit de vote dans le parlement? La réponse n'a rien d'arbitraire. Elle résulte du rapport entre le nombre des électeurs et celui des votes dans le parlement. Ces deux nombres sont des données de fait. Ils varient selon les décisions du pouvoir, quel qu'il soit, qui détermine qui sont les électeurs et quel est le nombre des votes parlementaires. Une fois que les deux nombres sont fixés, la division du premier par le second donne un quotient, que nous appellerons *quotient électoral*. Le quotient électoral exprime le nombre de suffrages électoraux dont la réunion est nécessaire pour un droit de vote dans le parlement, en admettant une élection générale, et en supposant tous les électeurs présents. Le quotient électoral varie en fait dans des limites très-étendues. Il était d'environ 35,000 en France. Il est de 2,500 à New-York, 1,000 en Belgique, 150 à Genève. Arrêtons-nous, comme exemple, au chiffre de la Belgique. Mille électeurs belges peuvent obtenir un vote dans le parlement, 999 ne le peuvent pas. Demander pourquoi, c'est demander pourquoi dix unités forment une dizaine et non pas neuf. Les votes dans le parlement représentant les suffrages électoraux, sont des unités de second ordre. Il y a là une limite à l'action individuelle qui est la conséquence inévitable du caractère collectif de la représentation, et qui résulte par conséquent de la nature des choses.

Appelons *groupe électoral*, une réunion d'électeurs en nombre égal au quotient, et voulant accorder leurs suffrages au même candidat. Le principe de l'égalité des suffrages se transforme dans le principe de l'égalité des groupes électoraux. Si un groupe électoral n'a pas le même droit qu'un autre, l'égalité des électeurs est détruite. Appelons *parti*, des électeurs en nombre quelconque qui opèrent d'accord. Il résulte de l'égalité des groupes électoraux que chaque parti doit obtenir un nombre de votes dans le parlement égal au nombre de groupes électoraux qu'il renferme. La représentation des partis doit donc être proportionnelle au nombre de suffrages dont chaque parti dispose. Si l'on admet avec M. Guizot que « la loi fondamentale de toute élection est que les électeurs fassent ce qu'ils veulent, » il ne semble pas qu'on puisse contester la valeur de ces affirmations. L'égalité des électeurs devient, par la nature collective de l'action d'élire, l'égalité des groupes électoraux. L'égalité des groupes électoraux entraîne le caractère proportionnel de la représentation.

Ici se place une question généralement tranchée dans la pratique, mais que la théorie soulève, et qui a été agitée, dans la presse, en Amérique, en France et en Angleterre. Le nombre des votes dans le parlement étant fixe, celui des députés le sera-t-il? ou bien, un même député pourrait-il avoir droit à autant de votes qu'il aurait réuni de fois le quotient électoral? Le principe du cumul des votes parlementaires sur un même député peut être soutenu par la considération que les électeurs sont libres de déléguer leurs droits comme ils l'entendent. L'argument paraît fort, au premier aspect, mais il repose sur une vue incomplète du sujet. Si l'on ne considère que la nature de l'élection, ou la délégation des pouvoirs, il en résulte bien que les électeurs dont le nombre égale trois, cinq, dix fois le quotient électoral, ont le droit de choisir le même mandataire, en lui conférant trois, cinq, dix votes par procuration; et le fait que plusieurs groupes électoraux ne peuvent pas confier leurs pouvoirs à un même représentant est une limite à leur liberté qui ne résulte pas de la nature des choses. Mais le but de l'élection est d'obtenir, par des discussions parlementaires, une étude sérieuse des questions. En admettant le cumul des votes sur un même député, il pourrait arriver qu'un corps électoral, divisé en deux camps, concentrât ses suffrages sur deux hommes, dont l'un aurait plus de votes que l'autre, et pourrait prendre seul toutes les décisions. La discussion serait ainsi supprimée par l'établissement d'une dictature législative; le but de l'élection serait manqué. La supposition est extrême et théorique; mais le cumul des votes parlementaires entraînerait une incertitude complète quant au nombre des députés, et cette incertitude semble peu conciliable avec les intérêts des délibérations. Admettons donc, en la tenant pour rationnellement justifiée, la pratique universelle qui n'accorde qu'un seul vote à un même député.

Avec un corps électoral restreint, et la publicité du suffrage, la réalisation de l'idée que nous venons d'exposer serait facile. Le président de l'élection prendrait place sur son siége, entouré de ses secrétaires. Les électeurs passeraient l'un après l'autre, chacun indiquant son candidat. Lorsqu'un candidat aurait réuni le quotient électoral, il serait déclaré élu, et les électeurs qui le désigneraient encore seraient invités à porter leurs suffrages sur d'autres. Il faudra donc que chaque électeur ait dans l'esprit, non pas le nom d'un seul candidat, mais le nom de plusieurs, selon l'ordre de sa préférence.

Il est facile de reconnaître que le résultat de l'opération sera d'assurer à chaque électeur la liberté de choix la plus grande possible, de donner à tous les suffrages une influence égale sur la composition du parlement, enfin d'obtenir un parlement qui sera l'image réduite mais fidèle du corps électoral. Toutes les conditions du système représentatif seront remplies. L'élection, vraiment libre, sera *personnelle* dans sa base, et *proportionnelle* dans son résultat. Tel est le procédé, un peu idéal, qu'il faudra rendre pratique pour obtenir la représentation fidèle d'un corps électoral.

Système actuel des élections.

Si la théorie qui vient d'être exposée est vraie, les élections telles qu'elles sont généralement pratiquées reposent sur une base fausse. Sous la diversité des systèmes électoraux actuels, on trouve un principe partout le même : la majorité des électeurs choisit le député, ou les députés de tous, dans des arrondissements fermés[1]. Dès qu'une

[1] La diversité des systèmes actuels consiste : 1° dans l'élection d'un seul député par collége (suffrage uninominal), ou de plusieurs députés par collége (scrutin de liste) ; 2° dans le fait que la loi exige pour l'élection, au premier tour de scrutin, la majorité absolue ou une majorité relative. Le scrutin de liste est pire que le suffrage uninominal, et il devient d'autant plus funeste que les circonscriptions sont plus étendues. L'élection par la majorité relative est pire que celle par la majorité absolue, et elle devient d'autant plus vicieuse que la majorité exigée est plus faible. En réunissant le scrutin de liste dans de vastes circonscriptions, et une majorité relative très-abaissée, on obtient donc le plus mauvais possible de tous les systèmes électoraux.

nation est parvenue à l'unité politique, c'est-à-dire dès que les intérêts locaux, dont la prédominance fait d'un peuple une confédération de districts, ont cédé le pas à ces intérêts généraux qui s'expriment par des opinions politiques; dès que l'on compte au sortir de l'urne, et d'un bout du pays à l'autre, des députés qui appartiennent à tel ou tel parti, dès lors le principe qui se trouve à la base des élections actuelles ne réalise ni la nature, ni le but, ni le résultat des élections représentatives.

Nature. La députation devient un monopole à se disputer. Un parti l'emporte, et il est non-seulement faux, mais presque dérisoire de considérer les électeurs vaincus comme représentés par le candidat de leurs adversaires; la majorité est seule représentée, la minorité ne l'est pas. Il existe donc, dans les divers arrondissements, des minorités dont la somme peut approcher de la moitié du nombre total des électeurs et qui n'ont aucune action légale sur la marche des affaires publiques. Un parti est représenté, l'autre ne l'est pas; l'égalité des suffrages a disparu.

La liberté disparaît avec l'égalité. Les électeurs forment peut-être réellement cinq, six, sept groupes distincts qui désirent des représentants spéciaux. Le système les force à se diviser finalement en deux camps. De là des coalitions forcées entre des hommes qui, ne pouvant être représentés comme ils l'entendent, se bornent à choisir, entre deux partis, celui qu'ils préfèrent, ou celui qu'ils redoutent le moins. Les chefs de partis qui désignent les candidats sont seuls les vrais électeurs; et les simples membres du parti vainqueur achètent presque toujours leur triomphe au prix de leur indépendance. Lorsqu'on dit que sous le régime électoral actuel, la majorité est seule représentée, il faut ajouter que cette majorité est habituellement factice, et que les électeurs qui obtiennent dans le parlement les représentants qu'ils désirent, ne forment qu'une très-faible partie du corps électoral.

But. La discussion des intérêts généraux du pays exige que toutes les opinions qui ont acquis une certaine importance soient librement énoncées et débattues. Les opinions qui n'ont pas la chance de réunir une majorité sont forcément exclues du concours électoral, et, par conséquent, de la représentation. Il suffit de connaître un peu la situation actuelle des états représentatifs, pour savoir que des opinions considérables, des groupes d'électeurs importants n'obtiennent qu'une représentation disproportionnée à leur importance, et, dans un grand nombre de cas, n'en obtiennent aucune. Les débats dès lors sont appauvris; le parlement se trouve privé de la parole, de l'action et des lumières d'hommes qui sont parfois au nombre des plus capables et des plus honorés du pays.

Résultat. Sous le régime actuel, la majorité du parlement peut ne pas représenter la vraie majorité du corps électoral. En effet :

1° Le choix imposé à l'électeur entre les candidats de deux partis seulement, produit des majorités essentiellement factices, comme il vient d'être dit.

2° La délimitation arbitraire des arrondissements électoraux permet, au moyen d'un groupement habile des suffrages, d'accorder la majorité des représentants à la minorité des électeurs. Les politiques le savent, et les calculs d'une arithmétique élémentaire établissent cette vérité avec une parfaite évidence.

3° Même en admettant (ce qui est une concession énorme) que la majorité vraie se trouve représentée, le droit de décision ne risque pas moins de passer aux représentants de la minorité du corps électoral. Il est facile de s'en rendre compte. Dans le système actuel, en supposant un seul corps électoral, la totalité des députés peut à la rigueur ne représenter que la moitié des électeurs plus un. Une décision peut être prise par la moitié des députés plus un. Or, la totalité des députés ne représentant que la moitié des électeurs, la moitié des députés ne représente que le quart des électeurs. Donc, le vote qui décide les affaires de tous, qui établit la loi à laquelle tous sont soumis, qui fixe l'impôt que tous doivent payer, peut ne provenir que des représentants du quart environ des électeurs. Si, dans l'assemblée des citoyens d'Uri réunis en landsgemeinde, on faisait voter le peuple sur une question de tendance, et que, la minorité étant exclue, la majorité seule décidât ensuite les affaires de l'État, il est clair que la majorité de cette majorité ne serait, dans le plus grand nombre des cas, qu'une minorité. Le fait sous cette forme paraîtrait scandaleux. Nos systèmes d'élections permettent que ce fait se réalise dans l'ordre représentatif. Le scandale n'est supprimé que par l'habitude et le manque de réflexion.

Le droit de *décision*, dans l'ordre représentatif, appartient à la majorité des suffrages parlementaires; le droit à la *représentation* appartient à la totalité du corps électoral. Lorsque l'on confond ces deux idées, lorsqu'on accorde à la majorité seule le choix des députés de tous, non-seulement on crée des majorités factices, mais, en admettant même que les majorités fussent vraies, ce qui n'est jamais, ou presque jamais le cas, on livre à la minorité le droit souverain de décision [1]. Un degré médiocre d'intelligence doit suffire, semble-t-il, à entendre parfaitement ceci : Pour que la majorité d'un parlement représente la majorité des électeurs, il faut que *tous les électeurs* soient représentés. Toutefois, faute de réflexion, on oppose à la réforme qui doit établir la représentation vraie ce qu'on appelle le principe des majorités. C'est ignorer absolument le véritable état de la question. Les partisans de la réforme électorale soutiennent seuls le droit de la majorité de la nation, que l'état actuel des choses abolit entièrement et qu'ils veulent rétablir.

Réforme électorale.

Il y a donc un système de représentation vrai, et un système de représentation faux. Les procédés électoraux

[1] « L'erreur sur laquelle sont échafaudés nos absurdes procédés électoraux, consiste en ce que l'on confond deux votes parfaitement distincts de leur nature : le vote *représentatif* et le vote *délibératif*. » — Victor Considérant, dans une lettre adressée aux membres du Grand Conseil de Genève, le 26 octobre 1846.

généralement en usage peuvent toujours donner une fausse représentation et, même sous le régime du suffrage dit universel, laisser s'établir un manque d'harmonie entre le parlement et la nation, manque d'harmonie qui devient le germe funeste de secousses politiques.

En réclamant la représentation vraie, on n'oppose pas une théorie à la pratique, on oppose un principe à un autre. Ces deux principes sont absolus et reçoivent l'un et l'autre une expression mathématique, parce que le dépouillement d'un scrutin consistera toujours à compter des suffrages. Il faut choisir entre l'idée de la majorité électorale, qui livre le droit de décision à une minorité, et l'idée de la proportionnalité électorale, qui assure le droit de décision à la majorité vraie. Sous toutes les diversités locales et temporaires des élections actuelles se trouve le principe de la majorité; c'est une théorie parfaitement caractérisée, qui est à la base d'une pratique modifiée par les circonstances. Le principe de la proportionnalité est une autre théorie qui, tout aussi bien que la précédente, se prêtera à l'introduction des diversités que les temps, les lieux et les circonstances doivent introduire dans la pratique.

Ces deux principes mathématiques répondent à deux idées morales. D'une part la justice qui maintient l'égalité des suffrages et fait du choix des représentants un acte libre et réfléchi propre à développer le sentiment de la dignité personnelle; d'une autre part l'injustice qui, détruisant l'égalité des suffrages, divise et passionne les combattants qui se disputent un monopole.

Ces deux idées morales se trouvent liées à deux conceptions politiques opposées. Le principe de la majorité, divisant les électeurs en deux camps, les oblige à se placer sous la dépendance de chefs dont ils reçoivent le mot d'ordre et qui leur imposent des candidats. Ils ne sont plus des électeurs à proprement parler, mais de simples votants dont le rôle se borne à choisir entre deux partis. Les chefs de ces partis doivent sans doute, dans une certaine mesure, prendre en considération l'opinion de leurs soldats, mais la plus grande partie du pouvoir électoral demeure en leurs mains. C'est le régime *démagogique ;* les citoyens sont menés aux élections comme des soldats sont conduits à la bataille. Le principe de la proportionnalité laisse les électeurs se grouper librement, leur donne une initiative réelle, et place ainsi dans le corps électoral l'origine d'un vrai pouvoir. C'est le seul régime qui mérite le nom de *démocratique,* si on entend par démocratie, non pas le triomphe d'une classe de la société au préjudice des autres, mais la participation égale de tous à la direction des affaires publiques. La démocratie, entendue ainsi, n'existe encore nulle part, et les États qui usurpent son nom sont soumis en réalité au régime démagogique.

On n'accepte la division forcée des électeurs en deux camps luttant pour un monopole que parce que l'on confond les deux idées parfaitement distinctes d'une décision à prendre et d'un mandat de confiance à conférer. Il y aura toujours des partis parlementaires qui, pour une votation, devront finalement se grouper en deux camps, comme les citoyens d'un pays doivent finalement se grouper en deux camps, lorsque le peuple est appelé à voter directement sur une question qui doit se décider en oui ou en non. Il y aura toujours des luttes parlementaires et des triomphes parlementaires, parce que les décisions se prennent à la majorité des suffrages. Mais, encore une fois, le parlement qui décide pour le compte de tous doit renfermer les députés de tous ; sans cela, il y a des parias politiques qui, battus aux élections, n'ont aucune action directe ni indirecte sur la votation de la loi et de l'impôt. Des luttes parlementaires sont une nécessité qui résulte de la nature des choses ; des luttes électorales, ayant pour effet de priver de leurs droits une partie des électeurs, sont une monstruosité. Le voile épais de l'habitude peut seul dissimuler leur vrai caractère.

Ces vérités sont d'une telle simplicité et d'une telle évidence qu'elles s'imposent à tout esprit libre de préventions. Lorsqu'on les a vues, on demeure étonné de ne pas les avoir vues toujours. Le système représentatif a des adversaires déclarés, et il peut avoir des adversaires cachés qui désirent que le système électoral permette de fausser l'expression de la volonté nationale. Mais, si l'on accorde que la représentation doit être vraie, il est impossible de nier que le principe des élections actuelles est faux.

Le changement du principe des élections constitue la réforme électorale par excellence, réforme universelle et partout applicable, auprès de laquelle les questions relatives à l'extension du droit de suffrage n'ont qu'une importance secondaire, parce que ces questions sont toujours locales et temporaires.

Les conséquences de cette réforme se montrent de plus en plus importantes à mesure qu'on y réfléchit davantage. Le système représentatif est une conception inconnue à l'antiquité. Seul, il peut préserver le développement de la démocratie de ces luttes aveugles et passionnées qui ont compromis, dans tous les temps, la cause de la liberté. Mais le système représentatif ne sera réalisé que par l'introduction de la représentation vraie. Cette vérité, qui semble extraite des œuvres de M. de la Palisse, contient en germe tout un avenir.

Si l'idée de la réforme électorale n'est pas juste, il faut au moins qu'elle soit bien spécieuse, car elle s'est offerte spontanément à un grand nombre d'esprits, dans tous les pays du monde. Elle a été acceptée avec conviction, et dans bien des cas, avec un enthousiasme réfléchi, par des hommes appartenant aux opinions politiques les plus opposées et aux vocations les plus diverses. Elle n'est point née de spéculations de cabinet, mais du contact le plus immédiat avec les réalités, d'expériences souvent douloureuses, de la recherche d'un remède à des maux notoires et d'un préservatif contre des dangers évidents.

Il serait facile d'appuyer ces considérations par de nombreux exemples pris dans tous les États représentatifs de l'Europe et de l'Amérique. Il serait facile de démontrer que le système actuel des élections est malfaisant en pratique autant que faux en théorie, et que les inductions les plus légitimes permettent d'affirmer que le principe de la réforme sera bienfaisant autant qu'il est vrai. Je me bornerai sous ce rapport à de brèves considérations.

Les intérêts de l'ordre moral sont profondément engagés dans la question de la réforme du système des élections. N'y voir qu'une question politique, dans le sens étroit de ce mot, serait une vue fort incomplète du sujet. Les élections sont presque partout l'occasion de manœuvres immorales, d'appels aux intérêts, à la peur, aux passions hostiles; elles sont presque partout le signal d'excitations aux haines sociales et d'un débordement de mensonges et de calomnies. Il faut faire la part des infirmités humaines, qui se retrouveront sous tous les régimes, et qui demandent des remèdes autres que des mesures législatives; mais on aurait grand tort de méconnaître l'influence des principes qui sont à la base des institutions. S'il est vrai que les hommes font les institutions, il est vrai aussi que les institutions font les hommes. Est-il moralement indifférent que chaque fois qu'un homme est appelé à exercer son droit et à remplir son devoir de citoyen, il soit placé sous l'influence d'un principe juste, ou d'un principe injuste, d'un principe de paix et de respect du droit, ou d'un principe de lutte et d'oppression? Qui pourrait le penser? Qui oserait le dire?

Quant à la politique proprement dite, la question électorale prime toutes les autres par son importance, puisqu'elle concerne l'origine du pouvoir que la marche de la civilisation tend à rendre prédominant dans le monde.

Cette question est étrangère à la lutte des partis, si l'on excepte les partis hostiles à l'idée même du système représentatif, puisqu'il s'agit seulement, en réalisant l'égalité des droits et la liberté des suffrages, d'ouvrir à la lutte des opinions l'arène d'un combat loyal. Elle est d'un intérêt universel, puisque le choix des représentants est le lien par lequel tous les citoyens d'un pays sont rattachés à l'organisation politique.

Répétons-le en terminant : Le système représentatif est le seul moyen d'accorder une action efficace à chaque membre de la société sur la direction des affaires publiques. Il place la marche des États sous l'impulsion de l'opinion générale; et, en assurant l'accord de la nation et des corps politiques, il favorise les réformes sérieusement réclamées, et ferme autant que possible la porte aux révolutions. Mais le système représentatif n'existera que de nom aussi longtemps que la représentation vraie sera remplacée par la lutte de deux partis électoraux nécessairement soumis à la discipline de leurs chefs, et par le triomphe de majorités habituellement factices.

PRATIQUE

DES

ÉLECTIONS REPRÉSENTATIVES

Pour que la représentation d'un corps d'électeurs soit vraie, il faut que les électeurs puissent réunir librement leurs suffrages sur les candidats de leur choix, que chaque groupe électoral soit assuré d'obtenir son représentant, chaque parti un nombre de représentants proportionnel à son importance. Tel est le résumé de la *Théorie des élections représentatives.*

Ces principes sont le germe d'une réforme politique, sociale et morale, dont l'importance paraît d'autant plus grande qu'on y réfléchit davantage. Comment peut-on les faire passer dans la pratique? La réponse à cette question doit, dans une certaine mesure, varier avec les circonstances. Il peut être avantageux de renoncer, provisoirement au moins, à un projet théoriquement meilleur pour un autre qui a de meilleures chances d'être adopté, à tel moment, par tel peuple déterminé. Dans les pays habitués au scrutin de liste, par exemple, et qui redoutent de trop grandes innovations, le système de la libre concurrence des listes, élaboré par l'association réformiste de Genève, me paraît le plus immédiatement réalisable. Je me propose ici d'étudier la question à un point de vue plus libre. J'indiquerai, sans avoir égard à des circonstances particulières, le procédé qui me paraît le meilleur pour instituer des élections vraiment représentatives, et je m'aiderai dans ce but de tous les travaux des réformistes d'Europe et d'Amérique qui sont parvenus à ma connaissance.

Il convient, du reste, de n'inscrire dans les constitutions des États que le principe même de la réforme. Les détails d'exécution doivent être renvoyés à une loi ordinaire que l'autorité législative puisse modifier facilement d'après les enseignements de l'expérience [1].

Constitution des corps électoraux.

Un corps électoral est l'ensemble des électeurs dont les suffrages concourent à une même opération.

Un parlement rend des lois et prend des décisions applicables à un pays tout entier ; tous les électeurs d'un pays ont donc le même intérêt à exercer leur influence

[1] L'article 40 de la constitution de la monarchie danoise porte simplement : « L'élection des membres du Landsthing se fait selon les règles du système proportionnel. La loi électorale règle l'application du principe. »

sur sa composition. Lorsque le pays est divisé en plusieurs corps électoraux (colléges, arrondissements, districts), les électeurs de divers colléges qui voudraient élire les mêmes candidats rencontrent une barrière artificielle qui empêche leur réunion. Une atteinte est ainsi portée à la liberté des suffrages ; et il peut rester dans chaque collége des groupes d'électeurs qui en se rassemblant auraient pu obtenir un député, et que la barrière qui sépare les colléges empêche de se réunir. En se fondant sur ces considérations, on demande que les électeurs de tout un pays constituent un seul corps électoral. C'est là ce qu'on entend par l'*unité de collége* ou le *collége unique.*

Ce procédé, dont la pensée, dès qu'il s'agit d'un pays d'une grande étendue, heurte vivement le sens des hommes pratiques, n'est pas conciliable avec les exigences de la représentation proportionnelle telles que nous les avons établies. Si chaque député n'a qu'un vote parlementaire, il ne peut représenter qu'un seul groupe électoral. Dès lors, les suffrages ne peuvent pas se porter utilement sur un candidat déjà élu. Il en résulte que l'électeur doit avoir fait choix, non-seulement d'un candidat qui a sa confiance entre tous, et auquel il accorde son suffrage *principal*, mais d'autres candidats, auxquels il accorde des suffrages *éventuels*, c'est-à-dire qu'il désigne pour remplacer en cas de besoin des candidats déjà élus. En d'autres termes, chaque électeur doit avoir dans sa pensée, et pouvoir écrire sur un bulletin, une liste de candidats par ordre de préférence. Cette liste, doit renfermer un nombre de noms égal au nombre des députés à élire ; sans cela, le suffrage risque d'être nul. Supposons, en effet, 25,000 électeurs, ayant à désigner 25 députés. Supposons que 24,000 suffrages se soient exactement groupés sur 24 candidats qui se trouvent élus. Si les électeurs du dernier millier n'ont point d'autre candidat à désigner que les 24 déjà élus, ils sont dans l'impossibilité de voter utilement. Il faut donc qu'ils aient un 25ᵉ candidat. Telle est la conséquence du principe qu'un même député ne peut représenter qu'un seul groupe électoral. Dès que ce principe est admis, un suffrage unique ne peut suffire et les suffrages éventuels deviennent absolument nécessaires.

On ne saurait peser cette considération, sans reconnaître que, pour l'application du principe de la réforme, telle qu'elle vient d'être indiquée, la théorie du collége unique est une doctrine inadmissible. Dès qu'il s'agit d'élire un parlement un peu nombreux, peut-on exiger de chaque électeur qu'il désigne et range selon l'ordre de sa préférence, et cela sous peine de courir la chance de perdre son suffrage, 600 noms, comme il le faudrait en Angleterre, 300 comme il le faudrait en France, ou même 100, comme il le faudrait dans tel canton suisse ? Supprimer toutes les barrières pour laisser les suffrages se réunir librement d'un bout du pays à l'autre est une grande dose de liberté ; mais l'étendue même de cette liberté la rend illusoire, puisqu'elle en empêche l'emploi sérieux. Les défenseurs du collége unique comptent dans les rangs des réformistes, parce qu'ils soutiennent le principe de la représentation vraie en opposition au principe des majorités. Mais le caractère abstrait et peu applicable de leur théorie compromet peut-être un peu la cause à laquelle ils rendent d'ailleurs de si grands services.

Il faut trouver un moyen de concilier la liberté et la possibilité de l'action électorale. Pour cela, un pays doit être divisé en provinces (arrondissements, districts, colléges, circonscriptions) dont chacune forme un corps électoral distinct. Chaque province doit avoir un nombre de députés proportionnel au nombre de ses électeurs. Le nombre des députés doit être assez grand pour que les groupes d'électeurs vraiment distincts puissent parvenir à la représentation; il doit être assez restreint pour que l'action éclairée et sérieuse de l'électeur ne soit pas rendue impossible par la longueur de la liste de candidats. On peut admettre, comme donnée générale, que lorsque les corps électoraux auront à élire 12 à 15 députés en moyenne, tous les groupes vraiment distincts de la population auront le moyen de se faire représenter.

L'étendue des provinces est un de ces points qui doivent être réglés selon les temps, les lieux et les circonstances, et il ne faut pas demander qu'elles aient toutes la même étendue. Réclamer leur égalité numérique serait le fait d'un esprit abusivement épris de la symétrie. Lorsque les élections se font au scrutin de liste, et d'après le principe de la majorité, l'inégalité des colléges est un véritable inconvénient, puisqu'elle fait varier le chiffre de voix nécessaire pour une élection. Dans tel canton suisse, par exemple, le député d'un grand collége dont l'élection a exigé des milliers de voix, siége à titre égal à côté du député d'un petit collége dont quelques centaines de voix seulement ont assuré l'élection. L'inégalité des colléges crée ainsi une disproportion fort grande entre la valeur représentative des députés. Mais lorsque chaque député représentera un groupe électoral, composé d'un même nombre de suffrages, la diversité de l'étendue des provinces n'établira aucune différence entre la valeur représentative des députés. L'égalité des provinces électorales n'est donc pas utile; il y a plus, elle est contraire à des convenances manifestes. Les électeurs des villes ayant de nombreuses occasions de se renseigner sur les candidats, peuvent facilement dresser une liste plus longue que les électeurs disséminés des campagnes. On pourra donc, en établissant les provinces électorales, avoir égard au groupement naturel des populations qui résulte de la géographie et de l'histoire; et on devra prendre pour règle que dans les régions agricoles les provinces doivent avoir une étendue moindre que dans les villes. La loi déterminera en quel cas les provinces devront être remaniées, par suite du mouvement de la population qui aura fait varier le nombre des électeurs. On peut admettre, par exemple, qu'une province ne devrait jamais avoir moins de sept députés, parce que les divers groupes de la population n'auraient plus le moyen de se faire représenter, ni plus de vingt, parce que les listes deviendraient trop longues. Du reste, je le répète, les circonstances locales et les habitudes prises.

doivent exercer une grande influence sur la constitution des corps électoraux. Il faut se garder à cet égard de l'influence d'un esprit étroitement systématique et abusivement épris de la régularité.

En supposant les choses établies comme il vient d'être indiqué, le principe de la réforme sera entièrement réalisé, si l'on considère une province isolément. Il n'en sera plus de même, si on regarde l'ensemble de la nation. Il pourra se rencontrer en effet des électeurs en nombre égal au quotient, et désirant porter leurs suffrages sur le même candidat, mais qui seront disséminés dans plusieurs provinces et ne pourront obtenir de représentant parce qu'ils ne seront pas libres de réunir leurs votes. L'objection qu'on fonderait sur ce fait pourra être levée par l'établissement de la liberté du domicile électoral.

Domicile électoral.

On accordera aux électeurs, en leur imposant les délais et les démarches nécessaires pour éviter les résultats du caprice et de l'entraînement, la liberté de fixer leur domicile électoral dans l'une quelconque des provinces du pays, ou, ce qui rendrait la pratique du procédé plus simple, dans la capitale. Ce domicile sera toujours un lieu réel, une maison déterminée, pour que, en cas de remaniement des provinces, on sache précisément le nombre des électeurs domiciliés politiquement en tel endroit.

Il ne sera pas nécessaire que les électeurs se déplacent pour l'exercice de leurs droits. Dans chaque province, les suffrages pourront être reçus pour d'autres provinces, et, après avoir été reconnus et validés, ils seront transmis à leur destination. Au moyen de la liberté du domicile électoral, on obtiendra donc les avantages de l'unité de collége, sans en subir les inconvénients. La liberté et l'égalité des suffrages seront conciliés avec les exigences de la pratique.

On pourra redouter, à première vue, la mobilité des corps électoraux et les embarras qui pourront résulter de changements de domicile nombreux et fréquents. Les deux considérations suivantes sont de nature à détruire ces craintes, ou du moins à les atténuer :

1° Les électeurs qui ne pourraient se satisfaire dans une élection provinciale sont des hommes désirant l'élection d'un candidat qui n'a pas la chance de réunir le quotient dans une province. Or, le cas d'un candidat de mérite ne pouvant pas réunir une *majorité* locale est très-fréquent; le cas d'un candidat sérieusement désiré par un groupe d'électeurs et ne pouvant pas réunir le *quotient* dans une province sera rare. Il faudra qu'il représente une idée très-spéciale, ce qui est toujours exceptionnel.

2° Les formalités nécessaires pour prendre un domicile électoral autre que le lieu de sa résidence, exigeront du temps et des démarches, et le zèle nécessaire pour accomplir ces formalités ne sera jamais le partage d'un bien grand nombre d'électeurs.

La liberté du domicile électoral serait donc une mesure facilement réalisable. Toutefois, il conviendrait de ne pas l'adopter immédiatement, mais de la tenir en réserve comme une amélioration ultérieure, afin de ne pas compliquer l'œuvre de la réforme à ses débuts.

Tableau des candidats.

L'électeur, lorsqu'il vient prendre part au scrutin, a un grand intérêt à connaître les candidats sérieux, les hommes sur lesquels il peut porter utilement son suffrage. Les candidatures sont préparées, sous le régime de la majorité, par des comités électoraux dont les uns agissent pour le compte du gouvernement, les autres pour le compte de l'opposition, c'est-à-dire des hommes qui désirent s'emparer du gouvernement. Sous le régime de la liberté, un tableau unique des candidats pourra être publié officiellement par l'autorité électorale. Les candidatures sérieuses devront seules figurer à ce tableau ; on n'y inscrira que les noms des hommes qui présenteront certaines garanties, c'est-à-dire les noms des candidats qui ont une chance quelconque d'être élus. La plus simple et la plus efficace de ces garanties est la présentation du candidat par un nombre déterminé d'électeurs, chacun ne pouvant user qu'une fois de ce droit de présentation. La détermination de ce nombre dépendra nécessairement du quotient électoral, attendu que le nombre d'électeurs dont la présentation constitue une candidature sérieuse varie d'une manière proportionnelle au nombre de suffrages nécessaires pour assurer une élection.

Les candidats sont rangés sur le tableau, selon l'ordre alphabétique. Les électeurs sont placés en présence d'une série de noms entre lesquels ils ont à désigner ceux qui leur inspirent le plus de confiance. L'élection devient ainsi, autant du moins que cela peut dépendre du système adopté, ce qu'elle est en bonne théorie, la délégation d'un pouvoir basé sur la confiance personnelle.

Il n'est pas nécessaire d'obliger les électeurs à porter leurs suffrages sur les candidats inscrits au tableau. Ce tableau peut être simplement pour eux une aide et non une entrave. On peut les laisser libres, à leurs périls et risques, de donner leurs suffrages à des candidats non inscrits, et ayant par conséquent une faible chance d'être élus.

Le tableau des candidats sera publié en temps utile pour que ceux d'entre eux qui n'accepteraient pas leur candidature puissent le faire connaître, et pour que l'électeur puisse faire son choix à loisir, et en prenant au besoin les renseignements nécessaires.

Votation.

Chaque électeur dépose dans l'urne un bulletin désignant, selon l'ordre de sa préférence, un nombre de candidats égal au nombre de députés à élire par sa province. La confection d'une liste, même en ne la supposant pas trop longue, est une opération moins simple que le choix d'un candidat entre deux, choix auquel finissent toujours par aboutir les élections à la majorité; mais la complication de l'œuvre de l'électeur est la condition de sa liberté. La simplicité du système actuel est la simplicité de la servitude.

Les électeurs qui ne se sentiraient pas capables de dresser une liste par eux-mêmes prendront le conseil de personnes de confiance, et leur nombre ne sera pas plus considérable assurément que celui des électeurs qui, dans l'état présent des choses, ne connaissant ni les candidats du gouvernement, ni ceux de l'opposition, votent de confiance, ou par ordre.

Il est indifférent, en théorie, que l'élection se passe dans un bureau central pour toute la province, ou dans divers bureaux dont le nombre peut être égal à celui des communes. Le mode de votation, sous ce rapport, n'a aucune influence sur le résultat de l'opération. C'est un point à régler selon les convenances locales et les habitudes, en n'oubliant pas que, lorsqu'une province est étendue, la concentration matérielle des opérations électorales constitue un privilége en faveur des électeurs du chef-lieu, et que la multiplicité des bureaux est la condition de l'égalité.

Dépouillement du scrutin.

Le dépouillement doit nécessairement être effectué dans un bureau unique pour chaque province. Il ne peut avoir lieu que lorsque les bulletins de suffrages ont été envoyés de tous les bureaux de la province, et, dans le cas où la liberté du domicile électoral aurait été admise, de tous les bureaux du pays.

Le nombre des bulletins valables est constaté, et ce nombre divisé par celui des députés à élire donne le quotient électoral *pratique*.

Le quotient électoral *théorique* s'établit en prenant pour base le nombre total des électeurs inscrits. Mais tous les électeurs ne viennent pas déposer leurs bulletins dans l'urne. En établissant le quotient électoral pratique d'après le nombre des bulletins valables, on transmet aux électeurs qui ont usé de leur prérogative dans les conditions fixées par la loi, les droits des électeurs absents et de ceux qui auraient déposé dans l'urne des bulletins sans valeur. Cette manière de faire est conforme à la pratique actuelle, qui, sous ce rapport, est fondée en raison et n'exige pas de réforme.

Dans le dépouillement, chaque bulletin compte pour un seul candidat. Les bulletins qui sortent les premiers de l'urne sont attribués au premier candidat inscrit, à celui qui a obtenu le suffrage principal de l'électeur. Lorsqu'un candidat a réuni le quotient, il est déclaré élu. Son nom est barré sur les bulletins où il figurerait encore en premier lieu, et les bulletins sont attribués au candidat suivant, à celui qui a obtenu le premier des suffrages éventuels. Lorsqu'un bulletin porte en tête les noms de deux députés élus, on l'attribue au troisième candidat, et ainsi de suite.

Les bulletins doivent être mêlés avant le dépouillement et pris dans l'ordre où ils se présentent fortuitement, sans l'intervention possible d'une volonté préméditée. Cette précaution est nécessaire, parce que l'ordre selon lequel les bulletins passent au dépouillement peut exercer une certaine influence sur le résultat de l'opération. En effet, supposons au quotient de mille, mille bulletins portant en première ligne le candidat A, en seconde ligne le candidat B; et mille autres bulletins portant en première ligne le candidat A, et en seconde ligne le candidat C. Supposons encore que ces deux groupes de bulletins s'offrent au dépouillement l'un après l'autre et compacts. A sera élu dans tous les cas. Si les bulletins qui portent B en seconde ligne passent les premiers, ils seront attribués à A, et C sera élu. Si les bulletins qui portent C en seconde ligne passent les premiers, ils seront attribués à A, et c'est B qui sera élu. L'élection de B ou de C, dans la supposition du passage des deux groupes de bulletins compacts, dépend donc de l'ordre de ce passage. Ce résultat tient à la nature même des choses, et il est impossible de le prévenir. On ne saurait en faire une objection sérieuse contre la réforme, parce que chaque électeur a usé complétement de son droit, et que le droit d'être élu est un droit qui n'existe pas.

La supposition du passage compact des deux groupes de bulletins est très-improbable. Mais puisque l'ordre du dépouillement peut avoir une influence sur le résultat de l'opération, il faut que cet ordre soit mis à l'abri de toute tentative d'intervention intentionnelle.

Les bulletins de vote doivent être conservés sous le dossier des candidats auxquels ils ont été attribués.

Résumons les mesures qui viennent d'être indiquées.

Le pays qui doit élire un parlement est divisé en provinces électorales. On a égard dans cette division aux circonstances géographiques et historiques qui créent des groupes naturels de population, sans chercher systématiquement une égalité numérique qui n'est ni nécessaire, ni avantageuse.

On publie dans chaque province un tableau des candidats.

L'électeur choisit sur ce tableau et inscrit sur son bulletin, selon l'ordre de sa préférence, un nombre de candidats égal au nombre des députés à élire.

Chaque bulletin compte pour un seul candidat, et est attribué au premier des candidats inscrits qui n'est pas déjà élu au moment où le bulletin arrive au dépouillement.

Ces mesures constituent une pratique simple et facile à comprendre. L'électeur peut se rendre compte sans peine de l'acte qu'il doit accomplir, et de la justice du résultat de l'opération. Mais notre exposition n'est pas achevée, parce qu'il faut déterminer un mode pour les élections complémentaires et les élections de remplacement, dont la nécessité doit être prévue.

Élections complémentaires.

Il n'est pas à présumer que tous les électeurs se groupent autour des candidats dans des nombres égaux au quotient. Il arrivera presque infailliblement que des suffrages seront dispersés, au-dessous de ce nombre, d'où suit qu'il manquera un certain nombre de députés. Si l'on ne veut pas laisser des siéges parlementaires vacants, il faut donc pourvoir à des élections complémentaires. Ce n'est point ici un résultat de la réforme. Une nécessité analogue se présente dans tous les systèmes, parce qu'il est impossible d'avoir la certitude que les électeurs se conformeront aux exigences quelles qu'elles soient de l'élection primitive. Avec le principe des majorités, on prévoit un second tour de scrutin, pour le cas où le premier n'aurait pas abouti, et on règle les conditions d'une élection au second tour de scrutin par l'un ou l'autre des deux procédés suivants : On établit un ballottage entre les deux candidats qui ont obtenu le plus de suffrages au premier tour, et les votes ne sont valables que pour l'un ou l'autre de ces candidats ; en ce cas, on maintient le principe de la majorité, en limitant la liberté de l'électeur. Ou bien, on se contente, au second tour de scrutin, d'une simple pluralité de suffrages : en ce cas on laisse les électeurs libres, en renonçant au principe de la majorité. Dans un cas, comme dans l'autre, on prévoit des élections complémentaires dont les conditions ne sont pas les mêmes que celles de l'élection primitive, et cela est absolument indispensable, si l'on veut s'assurer un nombre fixe de députés élus.

Comment régler les élections complémentaires, dans le système du quotient électoral? Le mode le meilleur me paraît le suivant. On opère un dépouillement général de tous les bulletins tels qu'ils existent, après l'élection primitive. On n'accorde pas une valeur égale aux suffrages, ce qui est contraire à l'ordre de préférence selon lequel les bulletins ont été rédigés; mais un suffrage inscrit en première ligne vaut 1, un suffrage inscrit en seconde ligne $^1/_2$, un suffrage inscrit en troisième ligne $^1/_3$, et ainsi de suite. On additionne les suffrages et on forme un tableau des candidats d'après le nombre de suffrages qu'ils ont obtenus. On prend sur le tableau, à partir du premier nom, le nombre de députés nécessaires pour compléter la députation.

On s'adresse ainsi à l'ensemble du corps électoral pour compléter l'œuvre demeurée insuffisante des groupes électoraux; mais, en s'adressant à l'ensemble du corps électoral, on ne retombe pas dans les inconvénients du système des majorités, et les principes de la réforme sont conservés. En effet, ainsi que nous allons l'établir, la valeur décroissante accordée aux suffrages maintient l'égalité des électeurs et la proportionnalité de la représentation.

L'égalité des électeurs est maintenue, puisque chacun d'eux accorde un suffrage entier à son premier candidat, et des suffrages décroissants, selon l'ordre des fractions, aux candidats suivants. L'électeur qui ne s'est pas rencontré avec un groupe électoral, conserve la valeur entière de son premier suffrage pour le dépouillement général. L'égalité pourrait seulement paraître lésée en ceci que les bulletins qui sont arrivés au dépouillement lorsque leurs premiers candidats étaient déjà élus, portent en tête un certain nombre de noms barrés, qui ne comptent plus, en sorte que ces bulletins ont une influence moindre dans le dépouillement général que ceux qui ont conservé tous leurs noms. Mais l'influence des auteurs de ces bulletins ne se trouve amoindrie que par le fait que leurs désirs se sont trouvés accomplis dans une large mesure, puisque plusieurs de leurs candidats préférés se trouvent élus sans leur participation; en sorte que leur position, inférieure en apparence, n'est que le signe et la conséquence d'une chance particulièrement favorable.

L'addition des suffrages selon la valeur décroissante des fractions maintient le principe de la proportionnalité. Supposons, en effet, 10,000 électeurs ayant dix députés à élire, 9,000 électeurs coalisés ne pourront accorder à leur dixième candidat que 900 suffrages, et les 1,000 autres pouvant donner 1,000 suffrages à leur premier candidat seront assurés de son élection. D'une manière générale, si l'on prend la peine de chiffrer les résultats d'une élection au scrutin de liste, faite avec le principe de la valeur décroissante des suffrages, on verra que la proportionnalité est exactement établie si les électeurs de chaque parti votent tous la même liste.

On peut objecter à ce procédé que la diversité du mode de dépouillement, pour les élections directes et pour les élections complémentaires, introduit une inégalité dans la valeur accordée aux suffrages. En effet, lorsqu'un bulletin porte en tête les noms de candidats déjà élus, deux par exemple, ces noms sont barrés, et le nom qui suit, le troisième sur le bulletin, reçoit un suffrage entier, par voie de remplacement, pour l'élection primitive, tandis que ce même nom, mis à la même place, ne recevrait qu'un tiers de suffrage dans le dépouillement général pour l'élection complémentaire. L'inégalité est réelle; mais, en étudiant le sujet avec attention, on reconnaîtra, peut-être, qu'il n'y a pas ici une injustice créée par le système, mais plutôt l'expression d'une vérité complexe. Dès que les noms sont inscrits sur les bulletins par ordre de préférence, il est évident que les suffrages ont, dans l'intention de l'électeur, une valeur décroissante; c'est un côté de la vérité. D'autre part, l'électeur hésite souvent entre plusieurs noms auxquels il accorde de fait un suffrage égal, entre lesquels il serait presque disposé à tirer au sort, et qu'il ne place à des rangs inégaux que sous la contrainte de la nécessité; c'est l'autre côté de la vérité. L'égalité des suffrages, dans l'intention de l'électeur, ne saurait concerner qu'un petit nombre de candidats, ceux qui se trouvent en tête des bulletins. La valeur décroissante des suffrages est vraie surtout pour les derniers noms. Tels sont les faits. Il en résulte que le procédé qui admet simultanément le remplacement d'un nom par un autre à égalité de suffrage, dans les têtes de listes, et la valeur décroissante des suffrages pour les listes entières, est plus réellement vrai, et par conséquent plus réellement juste qu'un mode plus simple. La complication du procédé exprime une complexité réelle dans l'action électorale.

Le mode d'élections complémentaires qui vient d'être indiqué prévient une objection contre la réforme qui s'est offerte à plusieurs esprits. On redoute que le corps électoral ne se fractionne en groupes attachés à des idées spéciales, et que certains candidats généralement appréciés, et dont l'élection serait agréable à la majorité des électeurs, ne se trouvent pas élus, parce que, désirés par le plus grand nombre, ils ne sont pas désirés cependant en première ligne par un groupe spécial. L'élection des hommes de cette catégorie, dont la présence dans une assemblée représentative est désirable, sera assurée par le dépouillement général des bulletins. Ils seront nommés par les élections complémentaires.

Élections de remplacement.

Des siéges parlementaires peuvent devenir vacants par cause de démission, de décès, ou par le fait de l'élection d'un même député par plusieurs provinces. Il y a lieu alors à des élections de remplacement. Sous le régime de la majorité électorale, le mode à suivre se trouve tout naturellement indiqué. Chaque député est élu par un collége agissant collectivement, comme une personne morale dont la majorité des suffrages exprime la volonté. En cas de remplacement, le collége est convoqué de nouveau, et il opère dans les mêmes conditions que pour l'élection primitive. Il n'en est plus de même avec le principe du quotient électoral, parce que chaque député est le représentant d'un groupe d'électeurs, et non de la totalité du collége. Comment faire?

L'idée la plus naturelle est de convoquer le groupe qui a perdu son représentant pour qu'il ait à en désigner un autre. Mais cette convocation est peu conciliable avec le secret du vote, là où le vote secret est en usage. En outre, l'élection de remplacement aurait lieu dans des conditions fort différentes de l'élection primitive, puisque l'unanimité du groupe était nécessaire pour l'élection primitive, et que l'élection de remplacement ne pourrait avoir lieu qu'à la majorité, et à une majorité que les abstentions, qu'il faut toujours prévoir pour une opération secondaire, feraient tomber souvent à un chiffre de suffrages fort minime.

On peut recourir à un procédé plus simple et plus avantageux sous tous les rapports. Les bulletins qui ont assuré l'élection de chaque député ont été placés sous son dossier et conservés. On reprendra les bulletins. On en opérera le dépouillement général, en observant la règle de la valeur décroissante des suffrages, comme pour les élections complémentaires, et le candidat qui se trouvera avoir obtenu le plus grand nombre de suffrages prendra la place du député manquant. Au besoin, il serait remplacé, à son tour, par le candidat ayant le plus de suffrages après lui.

Si le député manquant provenait des élections complémentaires, il serait remplacé par le candidat dont le nom suit le sien sur le tableau dressé pour les susdites élections.

Tels sont les procédés qui me paraissent les meilleurs pour la pleine réalisation des principes de la réforme électorale. La tâche de l'électeur est extrêmement simple : tout se borne pour lui à étudier le tableau des candidats, et à ranger, selon l'ordre de sa préférence, les noms des hommes auxquels il est disposé à remettre l'exercice de ses pouvoirs. La volonté du corps électoral étant ainsi exprimée, les bulletins déposés dans l'urne suffisent à toutes les élections pour toute la durée d'une législature. On évite ainsi ces opérations trop multipliées qui ont l'inconvénient de fatiguer les électeurs et de leur inspirer une sorte de dégoût pour l'accomplissement de leur devoir civique. Les procédés de dépouillement n'ont rien au fond de très-compliqué et ne paraîtront étranges, au premier abord, que parce qu'ils s'éloignent de nos habitudes.

Les défauts qu'on pourrait signaler dans la pratique qui vient d'être exposée, ne sauraient fournir d'objection légitime contre la réforme. Ces défauts peuvent être corrigés. D'autres pratiques ont été proposées, et l'une d'elles, dont celle qui vient d'être indiquée ne diffère que sur des points secondaires, est réalisée en Danemark depuis de longues années. Si on redoute la complication du dépouillement, on peut, comme je l'ai indiqué déjà, recourir au procédé de *la liste libre*, élaboré par l'association réformiste de Genève, qui, moyennant une limite apportée à l'action individuelle de l'électeur, obtient tous les députés par une même opération, en supprimant soit les élections complémentaires, soit les élections de remplacement. Si on désire obtenir la représentation proportionnelle en ne demandant à l'électeur que la désignation d'un seul candidat, on peut adopter le procédé très-ingénieux proposé par M. Walter Baily, qui consiste à accorder à chaque candidat le droit de désigner les autres candidats auxquels il veut transmettre les suffrages superflus ou insuffisants qui pourraient lui être accordés. On peut enfin découvrir quelque voie nouvelle pour atteindre le but. L'essentiel est de se mettre d'accord sur le principe et d'en reconnaître l'importance.

Si la théorie des élections représentatives telle que je l'ai exposée est vraie, tous nos systèmes de représentation reposent sur une base fausse. Nous sommes donc appelés à opérer une œuvre grande, à réaliser un progrès considérable dans l'ordre social, en remplaçant par un principe de justice et de vérité le principe injuste qui vicie, dans sa source même, l'exercice des droits politiques.

TABLE DES MATIÈRES

PREMIÈRE PARTIE

Rapport sur l'état de la Question électorale en Europe et en Amérique (novembre 1867).

DEUXIÈME PARTIE

Rapport sur l'état de la Question électorale à Genève et à l'étranger (décembre 1870).

TROISIÈME PARTIE

Pratique de la représentation proportionnelle proposée par l'Association réformiste de Genève.

QUATRIÈME PARTIE

Théorie et Pratique des Élections représentatives.

Printed in Dunstable, United Kingdom

91219512R00157